Ansatzschnäpse
selbst gemacht

BILDNACHWEIS

Bildquellen Umschlag Österreich:
Toni Muhr – Photodesign, A-8020 Graz (oben links)
Gery Wolf, A-8042 Graz (oben rechts, unten Bild 1 und 2)
M. Begsteiger KEG, A-8200 Gleisdorf (unten Bild 3 und 4)
Bildquelle Umschlag Deutschland:
StockFood / Heino Banderob
Bildquellen Inhalt:
Toni Muhr – Photodesign, A-8020 Graz (Seite 10, 71, 88)
Gery Wolf, A-8042 Graz (Seite 26, 60, 78)
M. Begsteiger KEG, A-8200 Gleisdorf (alle anderen)

IMPRESSUM

© 2002 Österreichischer Agrarverlag Druck- und Verlagsges.m.b.H. Nfg.KG,
   Achauerstraße 49A, A-2335 Leopoldsdorf
   E-Mail: office@agrarverlag.at, Internet: www.agrarverlag.at
© 2002 Eugen Ulmer GmbH & Co.,
   Wollgrasweg 41, D-70599 Stuttgart (Hohenheim)
   E-Mail: info@ulmer.de, Internet: www.ulmer.de

1. Auflage

Die Deutsche Bibliothek – CIP-Einheitsaufnahme
Ein Titelsatz für diese Publikation ist bei Der Deutschen Bibliothek erhältlich.

Sämtliche Angaben in diesem Buch wurden sorgfältig recherchiert und geprüft, doch übernehmen weder Verlage noch Autorin eine Haftung.

Projektleitung: Irene Biricz, Österreichischer Agrarverlag
Rechtsgrundlagen Deutschland: Dr. Klaus Hagmann
Grafische Gestaltung und Satz: armanda,geisler Wien
Druck: Landesverlag Druckservice, Linz

Printed in Austria

ISBN (Österreich): 3-7040-1892-9
ISBN (Deutschland): 3-8001-3984-7

WALTRAUD JÖBSTL

Ansatzschnäpse

selbst gemacht

Verlag Eugen Ulmer
Österreichischer Agrarverlag

Inhalt

12. Rezepte 89

Autoreninterview als Einleitung (von Dr. Peter Strallhofer)

Frau Jöbstl, was ist Ihnen bei Ihrer Arbeit wichtig?

Wichtig ist, dass man eine Tätigkeit nicht als Arbeit empfindet, sondern als Erfüllung.

Fantasie entwickeln und die Träume verwirklichen, sind ein paar Anliegen von mir, das Zuhören und Sehen, wie es andere machen. Dabei schauen, ob ich es besser machen kann oder soll, das sind meine Bemühungen und dann Selbstkritik. Was habe ich falsch gemacht und wie geht es weiter?

Im Heimathaus, wo ich aufgewachsen bin, ist immer Schnaps gebrannt worden – auch in großen Mengen – da sind wir mit einem Fuhrwagen hingefahren und da ist „Zwetschken gearbeitet worden", wie man sagte, voller Zwetschken hat man die Wägen am Abend heimgebracht, dann ist gemaischt und auch gebrannt worden. Das Schnapsbrennen war eigentlich für den Winter vorgesehen, denn es hat die große Menge Wasser nicht gegeben, um zu kühlen und da hat man mit Schnee und Eis nachgeholfen.

Ist im Betrieb die Maische aufbehalten oder frisch gebrannt worden?

Nicht so frisch wie jetzt. Grundvoraussetzung waren seit eh und je saubere Fässer.

Es war die Aufgabe der Kinder, in die Fässer mit der großen Öffnung hineinzusteigen und diese zu waschen. Das waren meine ersten Eindrücke und Erlebnisse mit dem Schnapsbrennen.

Das heißt, Ihr Elternhaus war Ihr großer Lehrmeister, wo Sie sich für die Praxis Ihre Fähigkeiten mitangeeignet haben.

Der große Durchbruch oder das große Erlebnis für mich persönlich war, zu sehen, was man mit dem Produkt machen kann und auch, als unser Sohn, von der Fachschule gekommen, mit größter Sauberkeit gearbeitet hat.

Dieses Grundprodukt eines Destillates ist Ausgangspunkt für die Ansatzschnäpse. Je besser das Grundprodukt, umso besser wird auch der „Angesetzte".

Seit wann und warum haben Sie sich auf nationalen und internationalen Messen beteiligt?

Warum? Eigentlich schon, weil wir gesehen haben, dass es im kleinen Bereich, wo wir da sind, sehr abgelegen, so nicht funktionieren kann. Wir nahmen an der ersten Destillata in Bad Kleinkirchheim teil, wo wir eigentlich aus Neugierde mitmachten und dann den Schnaps des Jahres hatten und in kürzester Zeit ausverkauft waren.

Wir haben auch ein bisschen Fernweh und wollen Dinge erleben. Darum machten wir die Skandinavientournee mit, die recht interessant war und wo wir sahen, dass man mit Qualität vorne dabei ist.

Irgendwo muss ja auch die Lust am Verkaufen dabeisein, weil man, wenn man die bedeutenden Messen besucht, sieht, dass die Familie Jöbstl vertreten ist.

Eigentlich ist es ein Kindheitstraum. Ich wäre als Kind gerne Verkäuferin geworden, aber das war für ein „Bauerndirndl" unmöglich. Die ersten Jahre waren schwer. Da habe ich mir oft gedacht, warum kommt keiner zu mir; ich habe so gute Sachen und niemand will sie haben. Und jetzt ist es auf Messen bedeutend leichter. Jetzt stehen wir auch neben den anderen Guten und werden gesehen.

Ist so ein Messeerlebnis nicht auch notwendig, damit man die Konkurrenz beobachten kann und weiß, was die Mitbewerber tun?

Ganz wichtig, außerordentlich wichtig. Da muss man das Gefühl haben, dass es sehr viel Wissen gibt beim Schnapsbrennen.

Die Grenzen werden immer offener – wie wird es jetzt weitergehen? Ist das eine echte Konkurrenz oder sind das weitere Mitbewerber?

Ich glaube, die Grenze im Schnapsgeschehen ist eng und wenn man nicht bekannt ist und durch außergewöhnliche Dinge versucht, seinen Platz zu halten, wird es sicher noch schwerer. Wir versuchen jetzt einen Marktanteil zu bekommen und produzieren Dinge, die nicht jeder hat.

Vorwort

Schon seit Jahrhunderten wurden in Klöstern, aber auch in privaten Haushalten Gewürze, Samen, Früchte, Kräuter und Wurzeln in Schnäpsen und Bränden angesetzt. Im Laufe der Zeit ließ das Interesse nach, vor allem deswegen, weil die Industrie eine ungeheure Vielfalt an Produkten hervorbrachte, die die selbst zubereiteten Ansatzschnäpse verdrängte.

In alten Zeiten war es gebräuchlich, am Sonntagnachmittag den Besuchern einen „Aufgesetzten" anzubieten.

Erst in den letzten Jahren ist das „Selbstgemachte" aber wieder modern und attraktiv geworden.

Das Vergnügen, die eigenen Produkte oft nach längerer Reifezeit zum ersten Mal zu kosten und damit den Reiz des Neuen zu genießen, ist nur einer der Gründe, warum das Hausgemachte wieder mehr Beachtung findet.

Zudem ist das Selbstansetzen von diversen Ingredienzien in Schnaps oder Weingeist nicht besonders schwierig, auch wenn es einer gewissen Übung bedarf, um ein gutes Produkt zu erzeugen. Eines muss man jedoch immer beachten: Kein Ansatzschnaps wird dem anderen gleichen, weil die Reife der Frucht jedes Jahr anders ist, weil verschiedene Mengen und Geschmacksnuancen der Beigaben zu anderen Ergebnissen führen.

Die Freude an der Zubereitung beginnt bereits beim Pflücken der Früchte und Kräuter oder bei deren Selbstanbau.

Es ist allein schon spannend, die prächtigen Früchte in Flaschen zu geben, mit den Bränden aufzugießen und die Flaschen zu verschließen. Wichtig sind jedoch vor allem die Rezepte, die in diesem Buch um besonders originelle Beispiele erweitert werden, obwohl die Standardansatzschnäpse nicht zu kurz kommen.

Wir haben uns bewusst auf **Ansatzschnäpse** (ohne oder mit sehr wenig Zuckerzusatz) konzentriert und alles, was zur Likörzubereitung und anderem gehört, nicht berücksichtigt.

Wir glauben, dass es eine solche Vielfalt von reinen Ansatzschnäpsen gibt, die man mit der Bereitung anderer Produkte nicht vermischen sollte.

Besonders wichtig ist auch der gesundheitliche Aspekt vieler Ansatzschnäpse. Daher sollte man gewisse „Muss-Schnäpse" stets vorrätig haben, ob es der Magenbitter nach einem opulenten Mahl ist oder ein Gesundheitsschnäpschen für diverse Gebrechlichkeiten und Leiden.

Für die reinen Genießer hat das Zubereiten von Ansatzschnäpsen viele Nuancen und man kann durch individuelles Experimentieren seine ganz persönliche Note finden. Dass man darüber hinaus stolz seinen Gästen das eine oder andere Produkt anbieten kann, ist ein weiterer Grund, sich mit dieser Materie zu befassen.

In diesem Buch werden aber auch Ansatzschnäpse beschrieben, die man nicht so leicht in der Literatur findet und die in der Volksmedizin schon seit vielen Jahrzehnten oder sogar Jahrhunderten weit verbreitet sind. Manche dieser angesetzten Schnäpse kann man jedoch nicht trinken, sondern nur äußerlich anwenden.

Wir haben auch versucht, das Wissen unserer Vorfahren, aber auch das Wissen klassischer „Heiler" wie Hildegard von Bingen oder Pfarrer Kneipp bzw. deren Erfahrungswerte von Fall zu Fall einfließen zu lassen.

PRAXISTIPP:

Individuelle, selbst gemachte Ansatzschnäpse eignen sich auch ideal zum Verschenken, besonders wenn sie in eleganten oder auch ausgefallenen Flaschen abgefüllt und schön etikettiert werden.

Wenn Sie sich mit dem Ansetzen von Schnäpsen befassen, werden Sie in Kürze umfangreiches Know-how erwerben, zu dem dieses Buch beitragen soll.

Die Freude an einem guten Tropfen und an einem gesunden Lebenselixier ist das Ziel. Was Sie hier lesen, soll Ihnen in der Praxis Nutzen bringen und Sie auf Ihrem weiteren Lebensweg begleiten.

1. Einführung in die Kunst des „Ansetzens"

Bevor Sie zum eigentlichen Ansetzen schreiten, ist einiges zu überlegen. Sie sollten beachten, dass Sie zu allen Tätigkeiten ein wenig Zeit, vor allem jedoch Freude und Geduld brauchen, was schon beim Sammeln der Ingredienzien notwendig ist. Vielleicht gewinnen Sie jedoch Ihrer Freizeit dadurch interessante Stunden ab und haben große Freude mit den erworbenen Erkenntnissen.

Vor allem sollten Sie jedoch davon ausgehen, dass das Ansetzen eines Schnapses nichts mit geheimnisvollen, nicht erklärbaren Dingen zu tun hat, sondern dass es natürliche Vorgänge sind, die nicht schwierig zu erlernen sind.

Das Ansetzen von Schnäpsen hat auch nichts mit dem Brennen oder Destillieren von Alkohol zu tun. Dieses unterliegt sehr strengen und ausführlichen Gesetzen und sollte in der Regel denen, die es professionell betreiben, vorbehalten bleiben.

Wenn Sie jedoch Brände selbst destillieren wollen, ist dies zwar im Rahmen der gesetzlichen Bestimmungen möglich, jedoch müssen Sie nicht nur über diese genau Bescheid wissen, sondern auch über den Vorgang des Destillierens, der ungleich mehr Wissen und Erfahrung benötigt, als das Ansetzen von Schnäpsen.

Das Geheimnis des „Ansatzes"

Den wohl wichtigsten Teil beim Ansetzen „übernimmt" das beigemengte Destillat. Es entzieht den Kräutern, Früchten, Beeren usw. die Aromen und Heilstoffe, d. h. der Alkohol übernimmt – ist alles einmal in der Flasche – fast die gesamte Arbeit, mit Ausnahme des danach notwendigen Filtrierens.

Von einigen wichtigen Grundregeln ausgehend, ist der angesetzte Schnaps sehr einfach herzustellen und man kann ausgezeichnete Ergebnisse erzielen.
Viele Früchte und Heilkräuter, aber auch Samen, Blätter, Rinden und Wurzeln enthalten spezielle Wirkstoffe und Substanzen, die mittels Alkohol herausgezogen werden können.
Diesen Vorgang nennt man in der Fachsprache Mazeration.

Welche Alkoholsorten Sie verwenden, ist nicht ganz unwesentlich, doch ist der Grundprozess immer gleich.
Eine wesentliche Wirkung des Alkohols ist seine konservierende Kraft.
Nicht unwesentlich ist auch der Prozentanteil des Alkohols in der Flüssigkeit. Hier unterscheiden sich die Meinungen der Fachleute. Manche meinen, dass für einige Ansatzschnäpse Weingeist mit rund 95 % Alkohol notwendig ist, andere vertreten die Ansicht, dass ein Schnaps mit 40 % genüge. Die rechtlichen Be-

stimmungen für den Fall, dass Sie den Ansatzschnaps verkaufen wollen, sehen wieder andere Konzentrationen vor.

Nicht in allen Büchern ist die Menge der verwendeten Zutaten so genau angegeben wie in diesem.
Als Faustregel für das Ansetzen von Früchten können Sie Folgendes annehmen: Sie füllen etwa die Hälfte des Glases locker mit dem Füllgut und schütten dann so viel Kornschnaps dazu, dass etwa die doppelte Menge daraus entsteht.
Bei Kräutern benötigen Sie wesentlich weniger Beigaben.

Wir sind davon ausgegangen, dass grundsätzlich kein Zuckerzusatz nötig ist. Sie können jedoch nach Ihrem Geschmacksempfinden mit Zucker oder Honig süßen, wenn Sie das Produkt nicht verkaufen. Ansonsten unterliegen Sie den gesetzlichen Bestimmungen (siehe Abschnitt 5).

Selbstverständlich kann man die Ingredienzien auch unter Verwendung von Bier, Wein und Most ansetzen, das ist jedoch nicht Thema dieses Buches.

PRAXISTIPP:

Eine unumstößliche Grundregel bei allen Bemühungen sollte sein, nur die besten Spirituosen und Beigaben zu verwenden, denn nur diese lassen ein ausgezeichnetes Produkt zu.

Die Ansatzschnapszubereitung sollte stets abhängig von der jeweiligen Jahreszeit sein, einerseits weil die Früchte und Zutaten entsprechend der jeweiligen Saison günstiger zu erhalten und zu kaufen sind, andererseits weil der Reifezeitpunkt das Aroma bestimmt.
Ungeachtet dessen können jedoch auch tiefgefrorene Waren verwendet werden.

Das Ansetzen von Schnäpsen sollte nicht zwischen Tür und Angel vorgenommen werden, sondern man sollte sich dafür Zeit nehmen. Man sollte auch darauf achten, dass Kinder nicht unbedacht den einen oder anderen „Geist" kosten.

Kurze Geschichte des Alkohols

In der Literatur gibt es Zeugnisse, dass Alkohol schon seit Jahrtausenden hergestellt wurde, allerdings durch Bierbrauen oder Weinkeltern. Das Destillieren von Alkohol taucht im Mittelalter vermehrt auf. So wurde Wein zu Branntwein verarbeitet, d. h. es wurden die flüchtigen Bestandteile des Alkohols aus dem Wein herausgebrannt. Viel deutet jedoch darauf hin, dass bereits bekannte „Weise" des Altertums wie Aristoteles oder Hippokrates Grundkenntnisse in der Destillation hatten.

Man schreibt es den Arabern zu, als Erste alkoholhaltige Flüssigkeiten in reiner Form hergestellt zu haben. Der überragende Arzt des Mittelalters Paracelsus arbeitete bereits mit dem „feurigen Wasser".

Der Umfang der Spirituosenproduktion blieb aber bis zum 15. Jahrhundert sehr gering und war auch dementsprechend teuer. Alkohol galt diese Jahrhunderte hindurch vor allem als Medizin. Rezepte wurden streng geheim gehalten und von Ärzten, Chemikern, Apothekern und Mönchen verwendet.

Die Philosophie der klösterlichen Destillationsmethode war, die „geistigen Prinzipien" der Pflanzen zu isolieren, von der Materie abzusondern und in ihrer Wirkung zu steigern. Solche Destillate wurden als Lebenselixiere oder Wässer des Lebens angesehen und sowohl äußerlich angewendet als auch konsumiert. Der klösterlichen Heilkunde sind in dieser Richtung sehr viele Entwicklungen zu verdanken, die auch heute noch gültig sind.

Erst im 16. Jahrhundert entwickelte sich eine rege Branntweinherstellung und bald wurde der Schnaps zum Volksgetränk mit unheilsamen Folgen. Es gab sogar Ärzte, die die Empfehlung ausgaben, sich regelmäßig zu betrinken, um Krankheiten vorzubeugen. Nicht zu vergessen ist die Herstellung von Met, eines der ersten alkoholischen Getränke der Menschheit, wobei der Honig wilder Bienen oder auch sogar der Erdhummeln mit Wasser versetzt und vergoren wurde. Dieses Honiggetränk war fast auf der ganzen Welt verbreitet, man opferte es den Göttern und trank es, um sich in einen Rauschzustand zu versetzen.

Auch die Chinesen verwendeten Alkohol und die Inder brauten diesen aus Säften einer Pflanze, die Azteken verwendeten die Agave, deren Saft sie vergären ließen. In Afrika mussten verschiedene Palmenarten herhalten, deren zuckerhaltige Teile vergoren wurden. Kurios ist, dass von den mongolischen Nomaden Stutenmilch zu einem alkoholischen Getränk vergoren wurde.

Infolge des Alkoholmissbrauches ist nachgewiesen, dass die Stadt Nürnberg Ende des 15. Jahrhunderts bereits Beschränkungen für den Branntweinverkauf erließ, weil der fortschreitende Genuss zu Tätlichkeiten und Unruhen führte.

Viele Kirchen vertraten die Meinung, dass der Alkohol ein Werk des Teufels sei und er wurde deshalb verfemt.

Alle diese Verbote halfen nichts, denn immer häufiger entdeckte man die Möglichkeiten, Alkohol zu brennen, nicht nur aus Früchten, sondern auch aus Getreide und Kartoffeln. Eine Hochburg des Schnapsbrennens war London, wo es im Jahre 1621 nicht weniger als 200 Schnapsdestillerien gab.

KURIOSITÄT!

Aufschrift in Gin-Läden in England: „Betrunken für einen Penny, sinnlos betrunken für zwei. Strohhalm umsonst."

Wenngleich der Alkohol ein Produkt war, das in den unteren Gesellschaftsschichten besonders ankam, tranken auch die höheren Schichten, nur bedienten sie sich besserer Qualität.

Sehr schnell fand auch der Fiskus Möglichkeiten, den Alkoholgenuss zu besteuern. Beispielsweise wurde in Russland zum Trinken ermuntert oder man versuchte andere Genussmittel zu beschränken, damit der Alkoholkonsum nicht zurückgedrängt werde, eine Tendenz, die man auch in Südfrankreich und Preußen nachweisen konnte.

Der Alkohol hat somit eine lange und kuriose Geschichte, die allein viele Bücher füllen könnte.

2. Vorbereitung

2.1. Geräte

Waage

Da es unterschiedliche Gewichtsmengen abzuwiegen gilt, ist eine sehr genau anzeigende Waage vorteilhaft.

Getrocknete Kräuter und Gewürze sowie Samen bewegen sich im niedrigen Grammbereich, Früchte haben meist höheres Gewicht.

Präzise Haushaltswaagen können geeignet sein, ansonsten ist es ratsam, für Kräuter und Gewürze etc. eine Apotheker- oder Briefwaage zu verwenden. Es sei besonders darauf hingewiesen, dass vor allem bei gemahlenen Kräutern, Gewürzen etc. genaues Abwiegen angebracht ist.

Becher zum Abmessen der Flüssigkeiten

Es empfehlen sich Messbecher aus Glas und zwar größere und kleinere im Verhältnis zu den unterschiedlichen Mengen. Auch emaillierte Messgefäße sind geeignet.

Trichter

Zum Abfüllen der diversen Flüssigkeiten sind Trichter aus Hartplastik oder beschichtete Metalltrichter, aber auch Glastrichter verwendbar.

Filtergeräte

Grundsätzlich eignen sich für kleinere Mengen Kaffeefilter mit Filterpapiertüten. Es können auch Haarsiebe oder gröbere Siebe verwendet werden, die jedoch mit einem Mulltuch oder einem Leinentuch auszukleiden sind. Diese Tücher sind vor und nach Gebrauch auszukochen.

PRAXISTIPP:

Echte Baumwollwindeln, sorgfältig ausgekocht und getrocknet, ergeben ein ausgezeichnetes Tuch für das Abseihen und die Filtrierung.
Es gibt auch so genannte Schleudersiebe (Salatschleudern). Diese helfen mittels einer handbetriebenen Zentrifuge das Waschwasser zu entfernen.

PRAXISTIPP:

Nicht verwendet werden dürfen Messbecher, Trichter und Siebe aus Metall.
Diese können von den Flüssigkeiten angegriffen werden bzw. das zarte Aroma beeinträchtigen.

Entsafter

Zum Beimischen der Ansatzschnäpse eignen sich auch Fruchtsäfte, die mit Dampfentsaftern gewonnen werden können. Es gibt einschlägige Geräte im Fachhandel.

Passiergeräte

Es ist öfters notwendig, Früchte und Beeren zu Mus zu verarbeiten.

Dafür eignet sich ein Passierstab oder aber auch herkömmliche Handrührgeräte.

Verwendet werden auch Stampfer aus Keramik, Metall oder ähnliche Geräte.

Durchseihhilfen

Der Saft von zerkleinerten Früchten muss durchgeseiht werden. Geeignet sind vorher ausgekochte Leinentücher, die man entweder über größeren Töpfen aufspannt, wobei nach innen eine Ausbuchtung bleiben sollte, in die man die Früchte gibt. Bewährt hat sich, auf einem umgekehrten Holzsessel das Tuch zwischen den vier Beinen anzubinden und darunter eine Schüssel zu stellen, damit der Fruchtsaft abtropfen kann.

Ansatzgefäße

Am besten geeignet sind Ansatzgefäße aus Glas, die einen möglichst breiten Hals haben, damit die Früchte leicht eingefüllt werden können. Dickbauchige Ballone mit breitem Hals sehen nicht nur rustikal aus, sondern sind am funktionellsten.

Zum Abschließen verwendet man passende Korken, die in einschlägigen Fachgeschäften, Lagerhäusern etc. erhältlich sind.

Es können auch Einmachgläser mit Schraub- oder Pressverschlüssen verwendet werden.

Ansatzschnäpse, die wenig oder gar kein Licht zur Reifung benötigen, können auch in Steinguttöpfen angesetzt werden, Ansatzschnäpse, die Licht notwendig haben, setzt man am besten in Glasgefäßen an.

Jene Gefäße, in denen die Ansatzschnäpse eingebracht werden, sollten vorher sterilisiert werden. Dies geschieht am besten dadurch, dass man die Gefäße in einen großen Kochtopf oder Einsiedeautomaten stellt und mit heißem Wasser einige Minuten aufkocht.

Abfüllflaschen

Es gibt ein breites Angebot an Flaschen und Karaffen, die im einschlägigen Fachhandel, aber auch in Lagerhäusern etc. erworben werden können. Will man die Flaschen nicht selbst mit Korken verschließen, so empfiehlt es sich, solche zu wählen, die bereits Verschlüsse aufweisen. Es ist jedoch darauf zu achten, dass dieser Verschluss sehr gut „sitzt".

Der Vorteil bei der Verwendung von Glas

Glas ist leicht zu reinigen, der Inhalt kommt gut zur Geltung, es ist nicht teuer und kann sehr oft wieder verwertet werden. Glas kann in der Spülmaschine auch sterilisiert werden (auf höchster Stufe und ohne Spülmittel). Sie können Glas auch sterilisieren, indem Sie es in einen Backofen geben, mit der Öffnung nach unten auf ein Holzbrett gestellt.

Gummischlauch

Zum Abfüllen von angesetzten Schnäpsen in weitere Flaschen ist ein Gummischlauch sehr praktisch, der eine Länge von ca. ein bis zwei Metern und einen Durchmesser von ca. einem Zentimeter haben sollte.

Schlauchklemmen

Schlauchklemmen sind ebenfalls sehr praktische Hilfsmittel und dienen dazu, die Mengen zu portionieren bzw. das Überfließen der Ansatzschnäpse zu verhindern, sollte das Abfüllgefäß zu klein sein.

Für das Ansetzen von Schnäpsen (vor allem in größeren Mengen) kann man auch Plastikkanister nehmen, doch ist sehr genau darauf zu achten, dass diese lebensmittelecht und geruchsneutral sind.
Sie sollen vor Gebrauch auf jeden Fall mit einer heißen Sodalösung ausgewaschen und danach reichlich durchgespült werden. Es empfiehlt sich auch, diese Kanister vor dem Gebrauch mit Wasser zu füllen und einige Tage stehen zu lassen.

Reinigungstücher, Putzlappen und Küchenhandschuhe

Bei all diesen Arbeiten ist es sehr praktisch, Reinigungstüchter und Putzlappen bereitzuhalten. Auch Haushaltshandschuhe dienen dazu, heiße Gefäße leicht bewegen zu können und sich dabei nicht zu verletzen.
Auch stark saugende Haushaltsrollen und Ähnliches sollten griffbereit sein, denn es wird immer wieder ein wenig verschüttet, etwas rinnt daneben oder tropft auf nicht passende Stellen.

Hilfsmaterialien

Unentbehrlich sind Kochlöffel, diverse Gabeln, Messer und Löffel. Für das Etikettieren sind Klebemittel, Filzstifte und für das Verschließen Gummiringe, Pergamentpapier oder andere Abdichtungsmaterialien vorzusehen.

Bürsten

Weiche bis mittelharte Bürsten sind zum Säubern von Knollen und Wurzeln notwendig. Die Stärke der Bürsten ist immer davon abhängig, welche Oberflächenbeschaffenheit die Knollen und Wurzeln haben, um sie nicht zu verletzen.

Mörser

Sehr zweckmäßig zum Zerreiben von getrockneten Wurzeln und Ähnlichem ist ein Mörser mit einem Mörserstempel, der sowohl aus Metall oder auch aus Keramik sein kann.

Bindfäden

Zum Verschließen von Flaschen und Ansatzgefäßen sind natürliche Bindfäden sehr nützlich.

Auch für das Zusammenbinden von Kräuterbüscheln sind geeignete Bindfäden erforderlich.

Weinthermometer

Dieses Thermometer ist nützlich, wenn Sie Ansatzschnäpse mit einer bestimmten Temperatur servieren wollen.

Flaschenöffner und Korkenzieher

Auch diese alltäglichen Geräte sind nur dann rasch zur Hand, wenn man sie vorbereitet.

Da es diese Produkte in allen Varianten gibt, wird man sich für einen besonders originellen oder schönen entscheiden.

Messer und Schere

Günstig ist, wenn das Messer gut geschliffen ist und die Schere funktioniert (und nicht ausgeleiert ist).

Schneidebrett

Zur Hand sollte auch immer ein Schneidebrett aus Holz oder aus Kunststoff sein, das beim Zerkleinern der Früchte und bei vielen anderen Arbeitsschritten notwendig ist, damit andere Unterlagen nicht beschädigt werden.

2.2. Zucker, Zuckersirup, Honig, Färben des Ansatzes, Süßstoff

In diesem Buch haben wir es ausschließlich mit Ansatzschnäpsen zu tun, die eine zusätzliche Zuckerung nicht unbedingt nötig haben. Es gibt jedoch Geschmacksansprüche, die ein wenig mehr Zuckerung bevorzugen.

Dies kann durch zweierlei Maßnahmen geschehen:
Man gibt den Zucker schon zu Beginn zum Ansatzschnaps oder man bereitet einen Zuckersirup, den man anfänglich oder etwas später (wie bei den Rezepten angegeben) beimischt.

Zuckersirup stellt man her, indem man jeweils einen Anteil Wasser mit Zucker auflöst, wobei die Stärke des Sirups und auch die Dichtheit von der Menge des Zuckers abhängt, natürlich auch der gewünschte Süßeffekt.

Diese Mischung bringt man langsam in einem Topf zum Köcheln, wobei sich Schaum bildet, den man abschöpft. Unreinheiten, die im Zucker absinken, werden ausfiltriert.

Diesen Sirup füllt man in eine Flasche, lässt ihn abkühlen und bewahrt ihn bis zum Gebrauch auf.

Man kann Sirup auch aus verkochten Früchten bzw. Fruchtsäften herstellen.

Wenn Sie Kandiszucker (gebräunten Zucker) verwenden, bedenken Sie bitte, dass dieser einen leichten Karamellgeschmack hat.

Zur Süßung der Ansatzschnäpse – so gewünscht – kann man auch eine besonders elegante Art wählen, nämlich ein Zucker-Wein-Gemisch. Diese Mischung sollte jedoch erst nach der Ansatzzeit und nur in sehr geringen Mengen verwendet werden, da Sie Ansatzschnäpse und nicht Ansatzliköre machen.

Für zwei Liter Ansatzschnaps genügen 100 ml Wein, der langsam erwärmt werden sollte und in dem der Zucker sorgfältig eingerührt werden muss, bis er zergangen ist. Nachdem das Gemisch abgekühlt ist, gießt man es zum Ansatzschnaps.

Man kann dieser Zucker-Wein-Mischung natürlich auch noch Gewürze beigeben, wie geriebene Zitronenschale, geriebenen Zimt oder geriebene Gewürznelken.

Diese Beigaben erfordern zarte Dosierung und sollten bei der Erwärmung bereits mit dabei sein.

Wichtig ist, dass vor der Beigabe die gesamte Flüssigkeit sorgfältig filtriert wird.

Kann ich Süßstoff verwenden?

Bei Ansatzschnäpsen, die sehr wenig Zuckergehalt aufweisen (Kräuter- und Gewürzschnäpse) und nur wenig Zucker benötigen, kann Süßstoff durchaus in kleinen Mengen verwendet werden.

Die Frage des Süßens ist ein individuelles Experimentierfeld.

Die Honiglösung

Die Herstellung einer Honiglösung sollte so erfolgen, dass das beigefügte Wasser nicht mehr kocht, damit die Inhaltsstoffe des Honigs nicht beeinträchtigt werden. Der Schaum, der beim Aufköcheln entsteht, sollte wegen seiner Verunreinigungen abgeschöpft werden, ebenso wird empfohlen, nach dem Aufwärmen die Flüssigkeit abzufiltern, weil sich im Honig möglicherweise Schmutzstoffe befinden, die als Zusatz für die Ansatzschnäpse nicht empfehlenswert sind.

PRAXISTIPP:

Sie können sowohl die Honiglösung als auch den fertigen Honig je nach individuellem Geschmacksempfinden dem Ansatzschnaps beigeben, jedoch immer erst dann, wenn die Ansatzzeit bereits abgeschlossen ist.

Bei Früchten, die sich schlecht abpressen lassen (z. B. Hagebutten oder Schlehen) oder bei Fruchtarten, die ein sehr empfindliches Aroma haben (z. B. Erdbeeren oder Pfirsiche), ist das Ansetzen der ganzen Früchte von Vorteil. Der Alkohol löst alle alkohollöslichen Bestandteile heraus und baut zum Teil auch die Pektinstoffe ab. Bei Früchten mit hohem Wassergehalt ist ein hochprozentiger Weingeist empfehlenswert, bei anderen Früchten kann durchaus ein Obstbrand oder Wodka genommen werden. Es ist ratsam, die Früchte entweder anzustechen, anzudrücken oder – etwa bei Marillen (Aprikosen) und Pfirsichen – zu zerschneiden und die Kerne zu entfernen. Wer einen bittermandelähnlichen Geschmack erzielen will, sollte einen Teil der Steine aufschlagen und dem Ansatz zugeben.
Nach mehreren Wochen (auch für diese Ruhezeit gibt es unterschiedliche Empfehlungen) seiht man die Flüssigkeit ab, kann allenfalls mit einer Saftzentrifuge aus den Fruchtresten den letzten Alkohol gewinnen und füllt danach in Flaschen ab.

Bei Ansatzschnäpsen, in denen noch Früchte vorhanden sind, können Sie diese als hervorragendes Dessert verwenden. Achten Sie jedoch bitte darauf, dass diese Früchte neben sehr viel Aroma auch noch Alkohol enthalten und daher für Kinder nicht geeignet sind.

2.3. Beigaben (Ingredienzien)

2.3.1. Früchte und ihre Säfte

Frische Früchte verfügen über das größte Aroma. Es können aber auch gefrorene Früchte verwendet werden, doch ist bei der Auswahl darauf zu achten, dass sie starke Aromen aufweisen und nicht zu wässrig sind. Melonen, gezüchtete Erdbeeren oder Kiwis schmecken angesetzt eher nach nichts. Getrocknete Früchte sollen nur verwendet werden, wenn wirklich der Geschmack der getrockneten Frucht erwünscht ist, da dieser sich zum Teil erheblich vom ursprünglichen Geschmack unterscheidet. Faule Früchte sollten auf jeden Fall ausgesondert werden, da ansonsten das gesamte Produkt verdorben und nicht mehr zu retten ist.

Für die Verwendung von Früchten gilt der Grundsatz, dass nur ausgesuchtes, vollreifes Obst verwendet werden darf. Soll das Produkt getrocknet werden, muss dies fach- und sachgerecht geschehen und auch dementsprechend gelagert werden.

Empfehlenswerte Früchte

Ananas
Reich an antioxidantisch wirksamem Vitamin C, Bromelain, Kalium und Beta-Karotin

Apfel
Reich an Beta-Karotin, Folsäure, Vitamin C, Kalzium, Magnesium, Phosphor, Kalium und Pektin sowie an Kupfer, Zink und Vitaminen

Birne
Reich an Kalium, Beta-Karotin und Vitamin C

Brombeere
Reich an Beta-Karotin, Vitamin C und E, Kalzium, Magnesium, Phosphor, Kalium und Natrium

Erdbeere
Reich an Vitamin C, Kalium, Kalzium, Magnesium, Phosphor

Kirsche
Reich an Beta-Karotin, Vitamin C, Folsäure, Kalzium, Magnesium, Phosphor, Kalium und Flavonoiden

Marille (Aprikose)
Reich an Beta-Karotin, Vitamin C, Papain, Kalzium, Magnesium, Phosphor, Kalium, Flavonoiden sowie an Vitaminen der B-Gruppe, Eisen und Zink

Orange
Reich an Vitamin C, Kalium, Karotin und Lutein

Pfirsich
Reich an antioxidantisch wirksamen Karotinen, Flavonoiden und Vitamin C

Preiselbeere
Reich an Vitamin C, Kalium, Karotin, Ballaststoffen

Schwarze Johannisbeere
Reich an Beta-Karotin, Vitamin C und E, Kalzium, Magnesium, Phosphor, Kalium sowie Vitaminen der B-Gruppe, Kupfer und Eisen

Traube
Reich an Glukose, Fruktose, Kalium, Vitamin C und Karotin

Zitrone
Reich an Vitamin C, Kalium, Kalzium und Fruktose

Zwetschke
Reich an Ballaststoffen, Kalium, Eisen, Kalzium und Beta-Karotin

Eine sehr einfache Ansatzbereitung ist dann gegeben, wenn man dazu Fruchtsäfte verwendet. Dafür eignen sich sowohl frisch ausgepresste als auch durch Pasteurisieren haltbar gemachte oder durch Dampfentsaften gewonnene Fruchtsäfte. Sie müssen jedoch entpektiniert werden, weil sonst Trübungen entstehen, die sich auch durch Filtrieren nicht vermeiden lassen. Erst nach einigen Wochen setzt sich ein bemerkbarer Bodensatz ab, den man vermeiden will.

Die Beigabe von Zucker entspricht den individuellen Bedürfnissen. Ungeachtet dessen lässt man die Flüssigkeit im entsprechenden Gefäß einige Tage verschlossen stehen und filtert danach in die gewünschten Flaschen.

2.3.2. Kräuter, Blüten, Samen, Gewürze

Seit vielen Jahrhunderten wirken Wild- und Gartenkräuter wahre Wunder. Mündliche Überlieferungen und Aufzeichnungen von Kräuterfrauen und anderen Kräuterkundigen wurden herangezogen, um für das Ansetzen der Schnäpse optimale Bedingungen zu schaffen. Wie eh und je liefert auch heute noch die Natur die besten Ideen für „harmonische Ansätze".

Frische Kräuter können selbst gezüchtet werden oder man besorgt sich frische Produkte vom Bauernmarkt.

Es gibt aber auch fertige Kräutermischungen, die tiefgekühlt wurden, aber verwendbar sind. Kräuter können nach Abfiltern des ersten Ansatzes ein zweites Mal verwendet werden, aber nicht länger, da sich sonst unerwünschte Aromen einfinden.

Legen Sie sich eine so genannte Kräuterspirale an, in der Sie in Spiralform von innen nach außen folgende Kräuter auf kleiner Fläche anbauen können: Thymian, Majoran, Lavendel, Kümmel, Zitronenthymian, Salbei, Basilikum, Zitronenmelisse, Kamille, Bohnenkraut, Estragon, Anisminze, Ringelblume, Ysop, Petersilie, Dill, Wermut, Liebstöckel, Mariendistel, Gewürzfenchel, Ingwerminze und Ähnliches.

PRAXISTIPP:

Wurzeln und Kräuter, aber auch Samen kann man durchaus länger ungesiebt im Ansatz belassen und jene Menge abziehen, die man gerade benötigt. Die entnommene Menge kann man mehrfach mit neutralem Weingeist wieder auffüllen.

Empfehlenswerte Kräuter

Basilikum
magenstärkend, gegen Blähungen, Erkältungen und Blasenleiden

Dill oder Gurkenkraut
wassertreibend

Majoran
nerven- und magenschonend

Oregano

Hustenmittel sowie bei Appetitlosigkeit und Verdauungsschwäche

Petersilie

harntreibend und hilfreich bei Frauenleiden, Migräne und Husten

Rosmarin

nervenstärkend und belebend

Salbei

heilt Entzündungen, beeinflusst die Magen- und Darmtätigkeit günstig

Thymian

schleimlösend und hustenstillend

Zitronenmelisse

krampflösend, magenstärkend, beruhigend, schlaffördernd

PRAXISTIPP:

Johanniskraut sollte am besten spätestens bis Ende Mai ausgesät werden. Es wächst im Kräutergarten sehr gut. Als Heilmittel ist es bei blutenden Wunden zu verwenden. Man zerreibt die Blätter und Blüten, bis eine rote Flüssigkeit austritt. Die Duke University in North Carolina (USA) hat jedoch nachgewiesen, dass Johanniskraut gegen Depressionen nicht wirksam ist. Außerdem sei zu beachten, dass es die Wirkung anderer Medikamente stören oder aufheben kann. Man sollte daher vor der Anwendung ärztliche Beratung in Anspruch nehmen.

2.4. Was sammle ich?

(Kräuter, Blüten, Samen, Gewürze, Wurzeln,
Nadeln, Zapfen, Rinden, Knollen)

Durch die Vielfalt des heutigen Angebotes können Sie die Ingredienzien für die Ansatzschnäpse auf den Märkten (speziell Bauernmärkten), in Lebensmittelläden und die Gewürze, Kräuter etc. auch in Apotheken und Reformhäusern erwerben. Es gibt jedoch nichts Schöneres, als die Beigaben entweder selbst anzubauen oder selbst zu sammeln. Jeder Sammler sollte dabei besonders erprobte Grundsätze einhalten, bei manchen Gewächsen ist streng auf die gesetzlichen Vorschriften und auf die gesundheitliche Tauglichkeit zu achten.

Eine Grundregel ist, dass jedes Gewächs zu einem bestimmten Zeitpunkt im Jahr, manchmal sogar zu einer bestimmten Tageszeit, die größte Menge an Inhalts- und Wirkstoffen hat, was sich auf den Sammelzeitpunkt besonders auswirkt und daher zu beachten ist.

Nicht nur der Reifegrad eines Gewächses ist wichtig, sondern auch der Standort und die in jedem Jahr wechselnden Wetterverhältnisse. Viele schwören sogar auf den Mondstand. Generell hängt das Sammeln von Erfahrungen ab, die man sich durch Beratung, Übung und Lektüre aneignen sollte.

Es gibt einige Grundregeln, die man auf jeden Fall beachten muss.
Blüten und Blätter sammelt man am besten an warmen, trockenen Tagen, an denen die Sonne bereits die Taunässe der Nacht getrocknet hat.

Für das Sammeln von Blüten empfiehlt sich die Morgenzeit, da hier der Duft noch am besten eingebunden ist. Dies gilt nicht nur für Rosen, sondern auch für

Veilchen und andere. Das spätere Aroma des Ansatzschnapses dankt es Ihnen, dass Sie früh aufgestanden sind.

Bitte bedenken Sie auch, dass es nötig ist, eine gewisse Menge zu sammeln, was auch eine gewisse Ausdauer voraussetzt.

PRAXISTIPP:

Machen Sie einen Spaziergang mit der Familie, bei dem vom Enkel bis zum Opa alle zum Pflücken eingeteilt werden. Das macht Freude und bringt ein gutes Sammelergebnis (den Kleinsten wird jedoch mehrfach erklärt, was sie sammeln sollen und was nicht).

Die größte Wirksamkeit erreichen die Samen knapp vor der Reife, die Früchte jedoch, wenn sie reif sind.

Die beste Sammelzeit für Rinde ist im Frühjahr. In dieser Zeit kann man auch Wurzeln sammeln. Sollte man dies übersehen haben, ist die nächste Sammelzeit für Wurzeln der Herbst.

Beim Pflücken und Sammeln sollte man möglichst schonend vorgehen und versuchen, die Pflanzen nicht zu beschädigen. Dies geschieht durch zartes Anfassen, wobei man die Wurzeln nicht mit herausreißen oder verletzen sollte.

Naturliebhaber weisen immer wieder darauf hin, dass man nur solche Mengen ernten sollte, die eine weitere Vermehrung der Pflanzen zulassen, bzw. dort sammeln sollte, wo genügend Pflanzen vorkommen, um sie nicht auszurotten. Pflanzen, die unter Naturschutz stehen, sind von Gesetzes wegen vom Sammeln ausgeschlossen, jedoch wird der Naturfreund auch gefährdete Pflanzen eher nicht nehmen, sondern diese in Apotheken und Reformhäusern kaufen.

Wichtig ist auch, zu beachten, dass ein gutes Ergebnis der Sammeltätigkeit nur bei sauberen, gesunden und trockenen Pflanzen und Früchten gewährleistet ist. Wenn man die Pflanze nicht genau kennt, sollte man besser ein Sammeln und Pflücken lassen bzw. Kundige beiziehen, die die Pflanze genau bestimmen können.

Hilfswerkzeuge beim Sammeln von Blüten, Blättern sowie Triebspitzen können schonend eingesetzt werden, wobei oft ein gut geschliffenes Messer oder eine Schere genügen.

Zum Transport des Sammelgutes sind Plastiktüten ungeeignet. Am besten eigenen sich geflochtene Körbe, wobei jedoch auch das Sammelgut nicht zu dicht geschlichtet, vor allem jedoch nicht zusammengepresst werden sollte. Auch ein Rucksack und Leinen- oder Stofftaschen tun gute Dienste.

PRAXISTIPP:

Es wird abgeraten, neben stark frequentierten Straßen oder an Rändern von Äckern und Wiesen zu sammeln, von denen man weiß, dass sie chemisch behandelt wurden (gespritzt oder gedüngt). Auch Gebiete mit Umweltbelastungen sind zu vermeiden.

Die beste Sammelzeit sind die Monate Mai, Juni und Juli. Bis Mitte August sollte alles gesammelt sein, das sagt auch die Überlieferung unserer Vorfahren. Wer auf die Mondphasen schwört, sollte alles, was über dem Erdboden wächst, in der zunehmenden Mondphase sammeln, und alles, was unter dem Erdboden wächst, in der abnehmenden.

Eine günstige Zeit zum Sammeln ist an einem trockenen oder sonnigen Tag, der Bereich um Mittag oder der frühe Nachmittag, damit die Nachtfeuchtigkeit bereits völlig verschwunden ist und die Säfte in den Pflanzen ihren Höchststand erreicht haben. Pflanzen mit eher stärkeren Stängeln werden am besten beschnitten, damit die Wurzeln nicht beschädigt werden.

Vermeiden Sie auch die „Sammelwut" und nehmen Sie nur jene Mengen, die Sie während eines Jahres benötigen.

Die Wirksamkeit der gesammelten Pflanzen nimmt während des Jahres ab, wenngleich sie noch genügend kräftig ist, wenn sie innerhalb eines Jahres verbraucht werden.

Auf vielen Bauernmärkten werden immer mehr frische Kräuter und Pflanzen (übrigens auch in größeren Supermärkten) angeboten, die man im Töpfchen kaufen kann. Besonderen Prachtexemplaren (dicke, fette Produkte) sollte man misstraurisch gegenüberstehen. Sie könnten nämlich überdüngt worden sein, worunter der Geschmack leidet.

Besonders empfehlenswert

Die Meisterwurz, die dem Bärenklau sehr ähnlich sieht und an Bächen wächst oder auf nährstoffreichen Böden angetroffen werden kann, man kann sie aber auch in halbschattigen Gärten kultivieren. Die Blüten sind weiß bis leicht rosa. Verwendet werden auch die Wurzeln als vielseitiges Heilmittel. Sie gilt als „Wurz aller Wurzeln" mit sehr intensiver Heilwirkung und wird daher auch als „Ginseng des Westens" bezeichnet. Ihr Verbreitungsgebiet ist vorwiegend im Alpenraum.

Der Bärlauch findet sich in schattigen, meist feuchten oder sumpfigen Wäldern und verbreitet einen intensiven Knoblauchgeruch. Die Blätter sollten im April bis Mai geerntet werden und es ist darauf zu achten, sie rasch zu verarbeiten, da sie nicht sehr lange halten.

2.5. Was kann ich anpflanzen?

Der eigene Kräutergarten ist der Ausgangspunkt für all das, was man selbst anpflanzen kann. Selbst schon ein kleines Fleckchen bietet Platz für viele Kräuter, und wenn dieser Platz gänzlich fehlt, kann man auf Balkonkisten und selbst in der Küche oder auf Fensterbänken noch das eine oder andere einsetzen oder aussäen. Im Rezeptteil werden viele Kräuter angegeben, die Sie selbst ansetzen können.

In der **eigenen Kräuterecke** sollte man zumindest Folgendes ansetzen:
Dille (appetitanregend, verdauungsfördernd, harntreibend, gute Einschlafhilfe), Fenchel (sein Samen hat krampflösende Eigenschaften, wirkt schleimlösend und auswurffördernd bei Husten und Verkühlungen und hilft bei Stirn- und Nebenhöhlenproblemen; er ist auch als Schlaftrunk hilfreich), Basilikum, Bohnenkraut, Gundelrebe, Lavendel, Löwenzahn, Pfefferminze, Ringelblume, Salbei, Thymian, Zitronenmelisse.

2.6. Trocknen, aufbewahren, einfrieren

Grundsätzlich muss man davon ausgehen, dass Blätter, Blüten, Wurzeln, Knollen, Beeren, Samen, Früchte, Zapfen etc. anders getrocknet und anders aufbewahrt werden müssen.

Das Trocknen wird unmittelbar nach dem Sammeln durchgeführt, damit die Wirkstoffe möglichst lange in der Pflanze erhalten bleiben. Wichtig ist es, Schimmelbildung zu verhindern, was an gut gelüfteten Orten, die nicht der Sonne ausgesetzt sind, erfolgen kann.

Zur Lagerung kann man die getrockneten Pflanzen auch zu Sträußen zusammenbinden und mit den Stielen nach oben der Wand entlang aufhängen, allerdings so, dass sie mit der Wand nicht in Berührung kommen.

Das Zerkleinern der Kräuter sollte nur in jener Menge erfolgen, die man unmittelbar danach braucht, da die Wirkstoffe aus den zerkleinerten Mengen rascher entweichen.

Erdige Wurzeln und Knollen werden vor dem Trocknen sorgfältig gewaschen und wenn notwendig mit weichen Bürsten gebürstet, danach in kleinere Teile zerschnitten, entweder luftgetrocknet – ein idealer Platz zum Trocknen ist der Dachboden – oder auch im Elektroherd bei einer Temperatur von rund 30 bis 40°.

Blätter, Blüten und Kräuter sollte man an einem luftigen, schattigen Ort trocknen, wobei es genügt, diese auf einem Leinentuch, das über einen Holzrahmen gespannt ist, aufzulegen, sodass die Luft zirkulieren kann.

Direkte Sonneneinstrahlung ist zu vermeiden. Die Blätter befreien Sie von den groben Stängeln, zerschneiden diese aber nicht. Die Wurzeln können geschnitten werden.

Werden Früchte oder Knollen getrocknet, darf nach dem Trocknungsvorgang kein Saft mehr austreten, wenn man diese andrückt.

Sieht man der Oberseite der aufgebreiteten Kräuter die Trockenheit an, sollen sie gewendet werden. Sind die Kräuter völlig durchgetrocknet, kann man an dem Rascheln, während man sie zwischen den Fingern reibt, erkennen, dass die Trocknung abgeschlossen ist.

Zum Aufbewahren des Trockengutes bewähren sich trockene, säuberlich gereinigte Dosen oder dunkle Gläser, die man auch gut verschließen kann, oder einfache Leinenkissen, bei größeren Mengen kann durchaus auch ein Kopfkissenbezug verwendet werden.

Sollte man das Sammelgut nicht an seinem Geruch wieder erkennen, empfiehlt es sich, auf den Säckchen ein Schild mit dem Namen des Inhalts anzubringen.

Das Konservieren durch Einfrieren hat sich immer mehr durchgesetzt und ist eine sehr angenehme und schonende Methode. Es eignet sich aber nicht alles zum Einfrieren, man muss von Fall zu Fall entscheiden. Das Einfrieren erhält das Aroma besser als andere Konservierungsmethoden.

Wird Beerensaft eingefroren, so sollte man die Mengen portionieren, weil die aufgetaute Übermenge, die nicht rasch verbraucht wird, schnell verdirbt.

2.7. Schnäpse, Brände, Geiste, Destillate

Für die Herstellung von Ansatzschnäpsen kann grundsätzlich jeder Alkohol verwendet werden, doch ist auf die Qualität zu achten. Für die einzelnen Beigaben (Säfte, Gewürze, Samen, Früchte, Kräuter etc.) eignen sich jedoch die im Rezeptteil beschriebenen Alkoholika besser als andere.

Nachfolgend werden die besonderen Eigenschaften und Wirksamkeiten der einzelnen Alkoholarten dargestellt:

Reiner Alkohol

Der reine Alkohol wird auch Ethylalkohol genannt und hat 95 bis 96 %. Er tritt auch unter dem Namen Trinkbranntwein, Weingeist, Feinsprit und Ethanol auf.
Erhältlich ist dieser Alkohol (in geringen Mengen) in Apotheken und Drogerien. Dort wird er unter anderem auch Sprit, Primasprit, Feinsprit genannt, wobei Primasprit die eher gewöhnlichere Form des Weingeistes ist, während feine Liköre mit Feinsprit angesetzt werden sollten, das ist Sprit, der mehrfach über Holzkohle gefiltert wurde.
Nicht für den Genuss geeignet sind Methyl-, Putyl- und Benzylalkohol. Bitte achten Sie sorgfältig darauf, den richtigen Alkohol einzukaufen.
Methylalkohol ist stark gesundheitsschädlich, führt zu Erblindung, bleibenden Gehirnschäden und kann sogar tödlich sein. Er tritt bei jedem Gärvorgang auf, ist jedoch für Ansatzschnaps grundsätzlich völlig ungeeignet.
Ethylalkohol entsteht bei der Gärung eines Fruchtsaftes (Maische oder Most), wobei der darin enthaltene Fruchtzucker durch Hefepilze in Ethylalkohol und Kohlendioxid umgesetzt wird (Kohlendioxid entweicht gasförmig).

Obstspirituosen

Auf Grund gesetzlicher Bestimmungen unterscheidet man Branntweine aus Steinobst und aus Beeren, auch Obstwasser genannt, aus zuckerarmen Früchten, auch Obstgeiste genannt, und Kernobstbranntweine, das sind Spirituosen, die ausschließlich aus Kernobst hergestellt werden.
Brände z. B. aus Äpfeln oder Birnen darf man auch Obstwasser oder Obstler nennen.
Obstbranntweine haben einen starken Eigengeschmack, was man bei der Herstellung von Ansatzschnäpsen besonders berücksichtigen sollte.

Was ist ein Brand, was ist ein Geist?

Brand

Brand ist eine Spirituose, die durch Destillieren einer vergorenen Maische aus Obst, Getreide oder Wurzeln gewonnen wird.

Ob ein Brand mit einem, zwei oder gar drei Destillationsschritten gewonnen wird, hängt von der Art des Brenngerätes ab. Sonst ist die Wahl zwischen einmal brennen mit einer Kolonne (Verstärkung- und Kühleinrichtung) oder zweimal brennen ohne Kolonne mehr eine Glaubens- als Sachfrage, soweit es die Qualität der Brände betrifft. Sorgfalt ist bei beiden Verfahren nötig.

Geist

Der alte Begriff Geist bezeichnet eine Spirituose, die aus Alkohol landwirtschaftlichen Ursprungs mit darin eingelegten, aromagebenden Beeren, Wurzeln oder Kräutern destilliert wird. Ein solches Produkt aus Alkohol und Beeren kann auch als Beerenbrand bezeichnet werden, was der obigen Definition von Brand widerspricht. Werden Beeren, Wildfrüchte oder Wurzeln aber eingemaischt, vergoren und gebrannt, sollte die Bezeichnung „Brand" mit einer Bemerkung wie „aus vergorener Maische gebrannt" oder „100 %-Destillat" ergänzt werden.

Zu Geist verarbeitet werden meist aromareiche, aber zuckerarme Rohmaterialien. Gegenüber einem Brand aus vergorener Maische ist Geist wesentlich billiger zu produzieren. Geiste aus Beeren sind im Geruch oft frischer und fruchttypischer als echte Brände. Geiste sind aber im Geschmack aromaschwach und alkoholisch, während Brände vollaromatisch, würzig und im Abgang lang anhaltend sind.

Geschmacksessenzen

Käufliche Geschmacksessenzen sollte man vermeiden. Beispielsweise kommen Produkte der Sorte Himbeere oder Marille (Aprikose) auf den Markt, die jedoch – trotzdem sie intensiv riechen – keine Verwendung finden sollten.

2.7.1. Gin

Gin ist ein mit Wacholder aromatisierter wasserklarer Kornbrand. Er wird in den Niederlanden, Norddeutschland und Nordfrankreich auch unter der Bezeichnung Genever produziert, gilt jedoch als typisch britisches Getränk und zählt in England zu den meistgetrunkenen Spirituosen.

Neben Wacholderbeeren, die das Grundaroma liefern, werden meist noch zahlreiche andere Gewürze, Kräuter und Früchte zur Verfeinerung verwendet.

Für unseren Bedarf nehmen wir Dry-Gin, der sich von der leicht gesüßten Variante ein wenig abhebt, wenngleich bei den verschiedenen „Gins" ein recht ähnliches Aroma vorherrscht.

2.7.2. Wodka

Übersetzt heißt Wodka Wässerchen und ist eine reine, unverfälschte Spirituose und das Nationalgetränk der Russen, wird aber auch in anderen Ländern produziert. Dass der Wodka nach gar nichts schmeckt, gelingt dadurch, dass die Spirituose mehrfach gebrannt und anschließend noch mit Aktivkohle gefiltert wird. Er ist zum überwiegenden Teil ein Kornbrand und wird nur sehr selten aus Kartoffeln destilliert (meist bei Schwarzbrennern auf Bauernhöfen). Die Alkoholausbeute ist beim Weizen weitaus höher und dieser liefert meist reinere und mildere Destillate, auf die es ja beim Wodka ankommt.

Der Alkoholgehalt von Wodka liegt bei 40 bis 45 %.

Er ist bei der Herstellung von Ansatzschnäpsen besonders vielseitig verwendbar.

2.7.3. Whisk(e)y

In Amerika und Kanada wird überwiegend der aus Roggen bestehende schwere Rye-Whiskey gebrannt, während der leichte Canadian-Whiskey zu 51 % aus Rog-

gen besteht. Deutscher Whiskey hat den leicht rauchigen Geschmack des Blen-
ded-Scotch-Whisky. Der Alkoholgehalt von Whisk(e)y liegt in der Regel bei 40 %.

PRAXISTIPP:

Kennen Sie den Unterschied zwischen Whiskey und Whisky?

Der Scotch wird ohne „e" geschrieben – alle Produkte aus anderer Herkunft werden mit „ey" geschrieben.

Der Name Whisky leitet sich vom alten gälischen Wort für „Wasser des Lebens" ab.

Eine mehrjährige Lagerung in Eichenfässern im Anschluss an die Erzeugung ergibt das runde Aroma.

In Schottland gilt als Besonderheit der Malt-Whisky, er wird aus über Torffeuer getrockneter Gerste, die vorher gemälzt wurde, herge-stellt und hat einen typisch rauchigen Geschmack.

Der Scotch ist ein Blended-Whisky, für den verschiedene Getreide-sorten verwendet werden. Er ist daher auch harmonischer im Aroma.

Die amerikanischen Whiskeys erhält man unter dem Namen Bour-bon. Sie werden aus mindestens 51 % Mais gebrannt und sind milder als die schottischen Varianten. Man kann auch einen leicht vanillig-karamelligen Duft erschmecken.

St. Patrick, der Nationalheilige Irlands, der 461 n. Chr. verstorben ist, soll die Herstellung des Aqua vitae, heute unter Whisky bekannt, neben seinen heiligen Thesen gelehrt haben. Obwohl die Fehde zwischen Schotten und Iren noch immer schwelt, wer den Whisky zuerst „erfunden" habe, kann nachgewiesen werden, dass die erste urkundliche Erwähnung in Schottland 1494 war, während die nachvollziehbaren Urkunden in Irland ins 12. Jahrhundert zurückreichen.

2.7.4. Korn

Das Ausgangsmaterial für Kornbrände sind zum überwiegenden Teil Weizen und Roggen, jedoch wird diese wohl „deutscheste" Spirituose auch aus einer Vielfalt von Getreidesorten wie Hafer, Buchweizen oder Gerste gebrannt. Diese Brände haben kaum einen Eigengeschmack und können für Frucht-, Beeren- und Gewürzansätze verwendet werden. Der einfache Korn muss einen Mindestalkoholgehalt von 32 % aufweisen, der Doppelkorn (Edelkorn) ein Minimum von 38 %. Die auf Weizenbasis destillierten Produkte sind im Allgemeinen milder, jene aus Roggen gebrannten würziger und kräftiger im Aroma.

Nicht verwechselt werden sollte der Korn mit dem Klaren, einer einfachen, weitgehend geschmacklosen Spirituose aus beliebigen Rohstoffen.

2.7.5. Rum

Der Zuckerrohrschnaps aus Jamaika wurde noch im 17. Jahrhundert „Teufelstod" genannt – ein scharfes, höllisches und schreckliches Getränk, das bei den britischen und französischen Seeleuten sehr beliebt war.

Auch heute gibt es kaum eine Insel in der Karibik, in der nicht eigenständige Rumspezialitäten destilliert werden. Rum zählt zu den meistgetrunkenen Spirituosen der Welt, jedoch eignen sich für Ansatzschnäpsen nur einige wenige exklusive Marken, für die frisches Zuckerrohr verwendet wird, während der einfache Rum aus Melasse (ein Abfallprodukt der Zuckerherstellung) gebrannt wird. Sofort abgefüllter Rum wird als weißer Rum verkauft, die braune Variante reift einige Zeit in Holzfässern, die ihm auch das typische, leicht karamellige Aroma geben.

Auch beim Rum ist die weitere Behandlung des Urproduktes wichtig. So werden z. B. spezielle Hefen beigegeben. Die Dauer der Lagerung von sechs Monaten aufwärts bis zu mehreren Jahren beeinflusst ebenfalls den Charakter.

2.7.6. Cognac, Weinbrand, Brandy, Armagnac

Nur wenige wissen, dass der junge Rohbrand von Cognac und Brandy eine wasser-klare Flüssigkeit ist, die anfangs wenig sensationell schmeckt und ihre Farbe nur durch die Lagerung in den Fässern erhält, aber auch ihren einzigartigen Charakter. Mit zunehmender Reifung entwickeln Weinbrände, insbesondere aber Cognacs, ihre duftmäßig und geschmacklich ausdrucksvollsten Nuancen.

Zu den berühmtesten Weinbränden gehören die Cognacs, die aus Frankreich stammen (der Name ist seit 1919 geschützt) bzw. die Brandys aus dem engli-schen Bereich, aber auch die aus Spanien. Viele gute Weinbrände kommen auch aus Deutschland. Die Destillationsverfahren für diese Produkte sind vom Herstel-lungsprozess bis zur Fassreife in genauen gesetzlichen Bestimmungen geregelt.

Der Cognac wird mit wenigen Ausnahmen immer aus einer Mischung verschiede-ner Destillate hergestellt. Um ihn genau zu definieren, ist es wichtig, die Angaben auf den Etiketten erklären zu können, die Rückschlüsse auf Alter und Qualität geben. Der Mindestalkoholgehalt beträgt 40 %.

Der Armagnac ist der älteste Weinbrand Frankreichs und wird in der Region Armagnac im Südwesten des Landes ausschließlich aus weißen Trauben herge-stellt. Er wird auch mit Jahrgangs- oder Altersangabe angeboten und hat einen Mindestalkoholgehalt von 40 %.

In Deutschland sind Weinbrennereien erst aus dem 19. Jahrhundert bekannt, wäh-rend in Frankreich schon seit dem 16. Jahrhundert gebrannt wird.

Die Bezeichnung Weinbrand stammt von Hugo Asbach und wurde 1923 in das deutsche Weingesetz übernommen. Seit 1998 unterscheidet man zwischen Weinbrand und deutschem Weinbrand. Der deutsche Weinbrand unterliegt höhe-ren Anforderungen und hat einen Alkoholgehalt von 38 %, normaler Weinbrand von 36 %.

Weinbrand wird, wie schon der Name sagt, aus dem Wein der Weintrauben gewonnen. Er ist meist mild im Geschmack, in seiner Konsistenz eher weicher und zum Ansetzen für duftigere Beeren und Früchte besonders beliebt.

2.7.7. Calvados

Der Calvados wird in einer engumgrenzten Region in der Normandie hergestellt. Er ist ein Apfelbrand, der nicht direkt aus den Früchten, sondern aus dem zuvor gewonnenen Apfelwein (Cidre) destilliert wird. Er hat ebenfalls eine jahrhunderte-alte Geschichte, wurde jedoch erst so richtig im 20. Jahrhundert außerhalb der Ursprungsregion bekannt. Seine Reifezeit bewirkt verschiedene Geschmacksaromen. In der Jugend schmeckt er intensiver nach Äpfeln, während er bei längerer Lagerung milder wird.

2.7.8. Grappa

Grappa ist ein italienischer Tresterbrand (unter Trester versteht man die Press-rückstände bei der Weinerzeugung). Bei der Produktion werden die Trebern meist mit lauwarmem Wasser übergossen, dann wird abgewartet, bis die Fermentation des Gemisches abgeschlossen ist. Danach schreitet man zur Destillation. Grappa wird für Ansatzschnäpse nur zu einem kleinen Teil verwendet, ist jedoch für Spe-zialisten ein Geheimtipp.

2.8. Wasser und andere Verdünnungsmittel

Können Sie auf destilliertes Wasser nicht zurückgreifen und müssen Sie Leitungswasser verwenden, wird empfohlen, dieses vorher abzukochen und danach mit einem sehr feinen Tuch zu filtern.

Bei der Verwendung von Leitungswasser kann es zu Trübungen kommen, die allerdings den Geschmack nicht beeinträchtigen und sich meist nach etwa vier Wochen absetzen und ausgefiltert werden können.

Von stark nitriertem und chlor- oder kalkhaltigem Leitungswasser ist abzuraten, da darunter der Geschmack sehr leidet.

Färben des Ansatzes

Wenn es gewünscht wird, kann der Ansatzschnaps mit Zucker gefärbt werden. Man gibt einige Esslöffel Zucker in eine kleine Pfanne und erhitzt langsam unter kräftigem Rühren, bis die Farbe braun wird. Je nach gewünschtem Bräunungsgrad nimmt man diese Menge vom Herd und vermischt sie sofort mit einer Alkohol-Wasser-Lösung etwa 1 : 1. Diese lässt man einige Tage stehen, wobei sich die unlöslichen Bestandteile am Boden absetzen.
Die verbleibende Mischung sollte man filtrieren und dem Ansatz zugeben.

3. Berechnungsbeispiele
zur Alkoholbestimmung

3.1. Alkoholverdünnung

Für die im privaten Haushalt durchgeführte Ansatzschnapsbereitung wird eine exakte Alkoholberechnung sehr schwierig sein. Man kann jedoch Annäherungswerte erreichen, die zur Beurteilung des Getränkes zweifelsohne sehr nützlich sind. Weiß man etwa den Alkoholgehalt, kann man diesen durch Beimengung von Weingeist oder Beimengung von destilliertem Wasser nach oben oder unten verändern. Wichtig ist, dass der Alkoholgehalt nicht zu niedrig sein darf (unter 20 %), da ansonsten die Haltbarkeit des Getränkes leidet.

Berechnungsbeispiel

Sie verwenden einen Kornschnaps mit 40 % und möchten einen fertigen „Ansatz" mit etwa 30 % Alkohol erhalten.

Dividieren Sie den gewünschten Wert 30 durch den vorhandenen von 40, das ergibt 0,75. Mit 100 multipliziert bedeutet dies, dass Sie 750 ml Alkohol mit 40 %

benötigen und 250 ml Fruchtsaft. Verwenden Sie die Früchte im Ganzen, so ist deren Fruchtsaftausbeute zu schätzen und entsprechend mehr Früchte in den Ansatz hineinzugeben, um einen Liter Ansatzschnaps zu erhalten. Sollten Sie Zucker beigeben, ist zu kalkulieren, dass 100 g Zucker ca. 60 g Volumen ergeben, d. h. wenn Sie zu den 750 mg Alkohol 100 g Zucker geben, ergibt dies zusammen ein Volumen von 810 ml und Sie können daher, um einen Liter Ansatzschnaps zu erhalten, nur mehr einen Fruchtsaftanteil von 190 ml dazugeben oder die entsprechend höhere Menge an safthaltigen ganzen Früchten.

Verwenden Sie reinen Weingeist (96 %), so entsprechen

100 ml Weingeist – 160 ml Branntwein mit 60 %

100 ml Weingeist – 175 ml Branntwein mit 55 %

100 ml Weingeist – 190 ml Branntwein mit 50 %

100 ml Weingeist – 215 ml Branntwein mit 45 %

100 ml Weingeist – 240 ml Branntwein mit 40 %

Ein weiteres Rechenbeispiel

Sie wollen wissen, welchen Alkoholgehalt Ihr Ansatz hat, wenn Sie 300 ml Fruchtsaft und 700 ml Branntwein mit 40 % verwenden. Multiplizieren Sie die 700 ml mit 40, ergibt das 28 000, diese Zahl dividieren Sie durch 1 000 und Sie erhalten damit den Prozentanteil, das sind in dem Fall 28 %.

Wissenswert ist noch, dass der reine Alkohol spezifisch leichter ist als Wasser. Ein Liter reiner Alkohol wiegt ein bisschen weniger als 800 g, während ein Liter Wasser ein Kilogramm wiegt. Dies bedeutet umgekehrt, dass ein Kilogramm reiner Alkohol 1,26 Liter ergibt.

Ein anderes Beispiel

Da man die Menge eines Alkohols nicht in Gewichtsprozenten, sondern in Volumenprozenten angibt, hat z. B. ein 43%iger Kornbrand zwar 43 Volumenprozente reinen Alkohol, was aber nur ungefähr 37,5 Gewichtsprozenten entspricht.

Anstatt von hochprozentigem Trinkalkohol wie Wodka, Korn oder weißem Rum kann man auch Weingeist nehmen und diesen mit destilliertem Wasser vermischen. Bei einem Mischungsverhältnis von 1 : 1 ergibt das ein geschmackloses Alkoholwassergemisch mit rund 48 %. Man sollte jedoch immer wieder berücksichtigen, dass die beigemengten Früchte oder Säfte selbst einen mehr oder minder hohen Wassergehalt haben, dementsprechend wird das Produkt einen unterschiedlichen Endalkohol aufweisen.

PRAXISTIPP:

Die Kanister, in denen wir destilliertes Wasser erwerben, können auch zum Ansetzen von Schnäpsen verwendet werden.

3.2. Alkoholbemessung

Eine einfache Methode, die Alkoholgrade zu bestimmen, ist die Messung mit dem „Vinometer". Man geht dabei wie folgt vor: Das Vinometer wird mit der Flüssigkeit gefüllt, wobei die Temperatur der zu messenden Flüssigkeit ca. 20° betragen sollte. Danach wartet man, bis es aus dem Kapillarende zu tropfen beginnt.

Achten sollte man vor allem darauf, dass die Flüssigkeit innen blasenfrei ist.

Danach wird das mit dem Finger verschlossene Kapillarende um 180° gedreht und der Finger vom Kapillarende weggegeben. Die Flüssigkeit sinkt nach unten und nach dem Stillstand kann man auf der Skala die Prozente ablesen. Zu beachten ist noch, dass die zu messende Flüssigkeit keinen Zucker enthalten sollte, weil die Zuckerbeimengung das Ergebnis verfälscht.

Wesentlich ist auch, dass die zu messende Flüssigkeit vorher gut filtriert worden ist, damit die Messkapillare nicht verstopft werden.

Eine weitere Möglichkeit, den Alkohol zu messen, ist die Messung mit einer Alkoholspindel.

Hier dürfen jedoch nur Produkte verwendet werden, die keinen Zucker aufweisen und die ebenfalls eine Temperatur von 20° haben. Die Flüssigkeit wird in einem Messzylinder eingebracht und die Alkoholspindel darin versenkt. Sie darf die Glaswand nicht berühren. Man kann das Ergebnis auf der auf der Messspindel angebrachten Skala ablesen.

Für ganz Gewissenhafte gilt folgende **Verdünnungsformel**:

$$M \times \left(\frac{A - B}{B} \right) = C$$

A bedeutet die ursprünglichen Alkoholprozente

B bedeutet die gewünschten Alkoholprozente

M bedeutet die ursprünglichen Liter an zu verdünnendem Alkohol

C bedeutet das Ergebnis

Zum Beispiel

Wollen Sie zwei Liter eines 96%igen Weingeistes auf 42 % absenken, ergibt dies folgende Rechnung für das danach beizufügende destillierte Wasser.

M (2 Liter) mal A (96 %) – B (42 %) durch B = 42 % ergibt 2,57 Liter

Grob gesprochen, müssen Sie den zwei Litern Weingeist 1,3 Liter destilliertes Wasser zusetzen und Sie erhalten daraus insgesamt 3,3 Liter Schnaps mit 42 %.

4. Arbeitsablauf

4.1. Das gute Gelingen

(bis zur Flaschenreifung und Aufbewahrung)

Bevor man an das Zubereiten von Ansatzschnäpsen herangeht, sollte man Folgendes beachten.

Anhand der Checkliste in diesem Buch sollte vorerst überprüft werden, ob alle notwendigen Geräte, die man benötigt, vorhanden sind. Danach ist darauf zu achten, dass sich diese auch in sauberem Zustande befinden (es könnte ja durch längere Lagerung Staub und Ähnliches zu entfernen sein). Weiterhin ist es wichtig, alle Beigaben aufzubereiten, allenfalls verschmutzte Früchte etc. säuberlich zu waschen und zu putzen.

Danach sind die Ansatzgefäße zu überprüfen und die Beigaben so zu zerkleinern, dass sie durch die Flaschenhälse leicht eingebracht werden können. In weiterer

Folge ist der Alkohol für den Ansatz bereitzustellen und es ist auch zu überlegen, ob genügend vorhanden ist bzw. ob der vorbereitete Alkohol auch zu den Ansatzbeigaben passt.

Nachdem wir in diesem Buch über Ansatzschnäpse und nicht über Ansatzliköre sprechen, hat die Beimengung von Süßflüssigkeiten keine wesentliche Bedeutung.

Dennoch ist für „Zuckermäulchen" die Frage zu beachten, welche Süßstoffe man beimengt. Sollte es gewünscht werden, müsste die vorgesehene Menge an Zucker oder Ähnlichem bereits am Anfang berücksichtigt werden.
Es ist auch zu bedenken, dass jede Zucker- oder Honigsorte dem Ansatzschnaps aromamäßig eine andere Geschmacksnote verleiht.

Es ist wichtig, dass man sich für die Arbeit keinem Zeitdruck aussetzt, sondern die Arbeiten am Feierabend oder am Wochenende einplant, wo keine weiteren Termine vorgesehen sind (schließlich sollte man an der Arbeit nicht nur den Erfolg sehen, sondern auch Freude haben).

PRAXISTIPP:

Legen Sie ein Heft oder einen Notizblock am Rande des Arbeitsplatzes mit einem Bleistift hin. Es fallen einem immer wieder nützliche Gedanken ein, die man zu Papier bringen sollte, bevor man sie vergisst.

Sind alle Beigaben mit dem Alkohol gemischt, erhebt sich die Frage, ob die Ansatzmenge hell oder dunkel gelagert werden soll.

Zu beachten ist die Grundregel, dass alle Ansätze, die dem Licht und der Sonne ausgesetzt sind, ausbleichen und daher der gewünschte Farbton des Ansatzschnapses nicht mehr erreicht wird.

Bei dunkler Lagerung wird der Farbton eher erhalten.

Wesentlich ist auch die Wärme, in der der Ansatzschnaps reifen sollte. Bei den jeweiligen Rezepturen wird angegeben, ob eine warme oder kühle Lagerung empfehlenswert ist.

Auch die Dauer des Ansatzes spielt eine Rolle. Auch hier gibt es Erfahrungswerte, die bei den jeweiligen Rezepturen beschrieben sind.

Höherprozentiger Alkohol entzieht den Beigaben schneller die Extrakte, niedrigprozentiger Alkohol braucht etwas länger.

Die Experten diskutieren, ob es sinnvoll ist, höherprozentigeren Alkohol zu verwenden, um in kürzerer Zeit den Ansatzschnaps fertig zu stellen oder ob es sinnvoller ist, einen niedrigprozentigeren Alkohol ein wenig länger „in Arbeit" zu lassen.

Wichtig ist, dass der Ansatz nach der Ansatzzeit filtriert werden sollte, um ein klares Produkt in die Flasche zu bringen.

Wer es jedoch lieber naturtrüb haben will, kann vom Filtriervorgang absehen, wodurch jedoch in den abgefüllten Flaschen meistens ein Bodensatz entsteht.

Bei größeren Mengen an Ansatzschnäpsen ist auch ein Abziehen der Flüssigkeit in kleinere Flaschen empfehlenswert, wodurch der trübe Bodensatz im Ansatzgefäß verbleibt und ein Filtrieren nicht mehr notwendig ist. Sie brauchen jedoch den verbleibenden Bodensatz nicht wegzuwerfen, sondern können diesen abseihen und in Extraflaschen aufbewahren.

4.2. Störfaktor Geleebildung

Wenn zum Ansatzschnaps eine größere Menge an Früchten oder Fruchtsäften beigemengt wird, kann es zu störender Geleebildung kommen.

Diese wird durch Pektine hervorgerufen, die man durch Zugabe von pektin-abbauenden Enzymen vermeiden könnte. Diese Maßnahme, die vor allem im gewerblichen Bereich angewendet wird, ist wegen der Schwierigkeit der Beschaffung von Enzympräparaten im Einzelhandel kaum möglich.

Man sollte daher bei Ansatzschnäpsen mit hohen Fruchtbeigaben einige Gramm vorgequollene Gelatine beifügen und den Ansatzschnaps nach etwa 12 bis 24 Stunden abziehen, den verbleibenden Fruchtbrei kann man individuell verwenden.

Ist zu wenig Gelatine beigegeben worden, kann es sein, dass sich das Pektin in einer Schicht auf dem Flaschenboden absondert. Diese Absonderung kann während der Ansatzzeit in der Flasche verbleiben, weil sie auf den Geschmack des Getränkes in keinem Fall einwirkt.

PRAXISTIPP:

Geben Sie mehr Schnaps in den Ansatz als Früchte und es kann zu keinen Geleeproblemen kommen.
Ist trotz der Gelatinebehandlung noch eine leichte Trübung der Flüssigkeit bemerkbar, kann man entweder durch Filtern Abhilfe schaffen oder man belässt die Trübung, die von manchen Ansatzschnaps-spezialisten sogar gewünscht wird, weil sie ein gewisses Charakteristikum hausgemachter Produkte darstellt.

5. Rechtliche Aspekte
(für Wiederverkäufer)

Ohne Genehmigung Schnäpse zu brennen ist als Steuerhinterziehung strafbar.

Wenn jedoch bereits versteuerte Schnäpse für den Ansatz verwendet werden, gibt es dafür keine zusätzliche steuerliche Belastung.

Die Herstellung von Ansatzschnäpsen für den persönlichen Gebrauch unterliegt keinerlei gesetzlicher Bestimmungen. Wenn Sie jedoch den Ansatzschnaps vermarkten wollen, müssen die gesetzlichen Rahmenbedingungen eingehalten werden.

Rechtsgrundlagen Spirituosen in Deutschland

1) Verordnung (EWG) Nr. 1576/89 des Rates vom 29. Mai 1989 zur Festlegung der allgemeinen Regeln für Begriffsbestimmungen, Bezeichnung und Aufmachung von Spirituosen. Durchführungsverordnung VO (EWG) Nr. 1014/90. VO (EG) Nr. 21401/98.

2) Nationale Spirituosenverordnung. Verordnung über Spirituosen vom Januar 1998, geändert im Dezember 2000 bzgl. der Zuckerung von Obstbränden.

3) Zusatzstoff-Zulassungsrecht für Spirituosen, bei dem EU-Richtlinien in deutsches Recht umgesetzt wurden.

4) Fertigpackungsverordnung

5) Lebensmittel-Kennzeichnungsverordnung

6) Eichordnung

Destillate, die mit Früchten oder Kräutern versetzt wurden, so genannte „Ansatzschnäpse", stellten in der Regel Spirituosen dar und unterliegen als solche entsprechenden Vorschriften, deren Grundzüge im Folgenden zusammenfassend und auszugsweise wiedergegeben werden. Vollständige Informationen sind obigen Verordnungen zu entnehmen.

Die Bezeichnung „Ansatzschnaps" oder auch „Fantasiebezeichnungen" sind erlaubt, das Produkt muss aber zusätzlich und deutlich sichtbar zumindest die Bezeichnung „Spirituose" tragen.

Wird nun z. B. ein Apfelbrand mit Aromastoffen oder Aromaextrakten versetzt, so darf er nicht mehr als Apfelbrand bezeichnet werden, sondern wird als Apfelspirituose deklariert, wobei auch in diesem Fall der charakteristische Geschmack sowie die Färbung von der verarbeiteten Frucht – hier also dem Apfel – stammen muss. Ist dies nicht mehr gewährleistet, erfolgt die alleinige Bezeichnung „Spirituose". Empfehlenswert ist immer eine möglichst detaillierte Angabe der Inhaltsstoffe eventuell auch mit einem kleinen Verzeichnis der Zutaten.

Auf keinen Fall darf eine Täuschung des Verbrauchers erfolgen.

Wichtig ist die ordnungsgemäße Kennzeichnung des Produktes in Gestalt der Verkehrsbezeichnung, der Herstellerangabe, der Losnummer, der Füllmenge und des Alkoholgehaltes. Zu beachten ist ebenfalls die Schriftgröße und die Anbringung von Verkehrsbezeichnung, Füllmenge und Alkoholgehalt im gleichen Sichtfeld.

Vor allem bei der Herstellung ist auf einwandfreie Rohware zu achten. Obstmaischen mit Kahmhefebelägen gelten als „verdorbene Lebensmittel", deren Verarbeitung durch einen erhöhten Gehalt höherer Alkohole im Destillat und im „Ansatzschnaps" nachgewiesen werden kann. Verdorbene Lebensmittel oder Produkte daraus dürfen nicht in den Verkehr gebracht werden.

Rechtsgrundlagen Spirituosen in Österreich

Für **Österreich** ist ebenfalls die unter 1. genannte Verordnung zu beachten, weiterhin der Lebensmittelcodex B 23 (veröffentlicht im Holinegg Verlag, Purkersdorf) sowie die Lebensmittelkennzeichenverordnung 1993.

Es wird empfohlen, die zuständige Fachabteilung der Landeslandwirtschaftskammer um genaue Details und alle Neuerungen und Bestimmungen zu befragen.

Die gestrengen Gesetzeshüter verlangen auch, dass das Etikett nicht gefaltet ist, sodass man es zum Lesen erst aufklappen müsste.

Die Kennzeichenverordnung besagt, dass die Angaben direkt auf die Flasche geklebt werden.

Die Angaben müssen in deutlich zusammenhängender Form in einer Schriftgröße von mindestens zwei Millimetern an einer gut sichtbaren Stelle an der Flasche angebracht werden. Abgesehen von den gesetzlichen Bestimmungen, gibt es auch ästhetische Größenordnungen. So wird eine große Flasche mit einer winzigen Beschriftung nicht besonders wirken, während auf einer kleinen Flasche ein Riesenetikett sehr plump wirkt.
Bemühen Sie sich auf jeden Fall um die neuesten gesetzlichen Bestimmungen für die Etikettenbeschriftung und denken Sie dabei an Folgendes: Wichtig ist immer die Verkehrsbezeichnung (z. B. Birnenbrand), weiterhin die genaue Angabe über den Alkoholgehalt in Volumenprozenten und die genaue Angabe über die Nennfüllmenge.

Um den Kunden das Zurechtfinden im „Warendschungel" zu erleichtern, müssen auch bäuerliche Direktvermarkter Bestimmungen der Kennzeichnungsverordnung einhalten.

Die Lebensmittelkennzeichnungsverordnung tritt bei allen verpackten Lebensmitteln, auch bei einmaligen Bauernmärkten wie Almabtriebe, Bauernherbstfeste, Hoffeste etc., in Kraft.

6. Reifezeit und Aufbewahrung

6.1. Wie lange ansetzen?

Die Reifezeit der Ansätze ist sehr unterschiedlich. Bei einigen Kräutern ist die Genussreife schon nach einigen Stunden gegeben oder auch nach wenigen Tagen.

Es empfiehlt sich, die Ansätze hoch zu lagern, da es dort wärmer ist und der Alkohol aus den Zutaten das meiste herausziehen kann. Viele Ansätze lässt man auch in der Sonne reifen oder an einem anderen warmen Platz.

Wie lange Ansatzschnäpse aufgehoben werden können, ist sehr unterschiedlich. Vielfach spielen die Jahre hier keine Rolle. Manche Ansatzschnäpse werden von Jahr zu Jahr besser – wie es dem Gaumen gefällt.

Wichtig ist jedoch, die Ansatzschnäpse gut zu verschließen, wobei hier Korken, Glasdeckel, Pergamentpapier oder andere Materialien genommen werden können.

Nach dem Abfüllen in Flaschen sind diese ebenfalls gut zu verschließen, hier ist ebenfalls ein Korken, ein Schraubverschluss, aber auch ein Plastikpfropfen zielführend. Erfolgt dies nicht, verflüchtigt sich der Alkohol. Sollten in der Flasche noch weitere Zutaten verbleiben, müssen diese stets unter der Alkoholobergrenze liegen.

Nach teilweisem Gebrauch der Flaschen könnte die darüber verbleibende Luft zu unangenehmen Nebenerscheinungen führen. Hier streiten sich die Geister, ob man spezielle Techniken anwenden soll, um diese Erscheinungen zu verhindern.

Es gibt eine Faustregel, dass man Beeren nicht länger als drei Monate ansetzen soll, weil nach dieser Zeit durch den Alkohol auch die Geruchs- und Aromastoffe der kleinen Kerne ausgezogen werden, wodurch es zu bitterem Nachgeschmack kommen kann.

Sind die diversen Schnäpse fertig angesetzt, beginnt die notwendige Reifezeit. Während dieser Zeit sollten die Produkte sich selbst überlassen werden, es sei denn, es ist ein Schütteln während dieser Zeit notwendig. Dies wird bei den Rezepten immer besonders hervorgehoben.

6.2. Wie lange in der Flasche „nach"reifen?

Fast alle Ansatzschnäpse erhalten ihren gewünschten Geschmack und ihr ausgereiftes Aroma erst nach einiger Lagerzeit. Daher ist darauf Rücksicht zu nehmen, die Ansatzschnäpse nicht zu frühzeitig zu konsumieren, vor allem, wenn der Alkoholgehalt darin hoch ist, weil sie sonst zu scharf oder zu spritig schmecken.

Je größer das Lagerungsgefäß ist, desto angenehmer reifen die Ansatzschnäpse nach.

Es kann vorkommen, dass in der Nachreifung noch Trübungen auftreten, die man entweder akzeptiert oder durch Filterung beseitigt.

6.3. Lagerdauer
(und ihr Ende)

Bevor die Frage der Lagerung zur Sprache kommt, ist es wichtig, dass die Lagerungsgefäße (ganz gleich, ob es Flaschen, Schraubgläser, Ballone etc. sind) sehr gut verschließbar sind, damit sich der Alkohol nicht verflüchtigen kann. Es muss vorausgesetzt werden, dass das Prinzip der Reinlichkeit sehr wesentlich ist und auch die Alkoholmenge entsprechend hoch sein muss, was dazu beiträgt, dass das Lagergut fast keine Haltbarkeitsgrenze hat.

Die Lagerung selbst sollte in einem dunklen Raum, der eher kühl ist, erfolgen (Keller oder ein Kasten auf der untersten Ebene).

Essenzen sollten nach einem Jahr verbraucht werden, die Lagermöglichkeiten von angesetzten Schnäpsen gehen weit über ein Jahr hinaus. Sie halten sehr lange, wenn sie gut verschlossen, kühl und dunkel gelagert werden.

Der Alkohol im Ansatz hält das Aroma der Frucht für viele Jahre fest und ist für den Fall, dass er richtig hergestellt wurde, unverderblich, d. h. er wird mit der Zeit immer besser.

6.4. Trinktemperatur

Es mag früher einmal Mode gewesen sein, die Angesetzten eiskalt hinunterzukippen. Vielleicht auch deswegen, weil man nicht ganz reine Produkte verwendet hat, deren Schwächen durch die Kälte überdeckt wurden.

Wenn Sie jedoch saubere Brände nehmen und Zutaten bester Qualität, ist eine Kühlung kaum notwendig.

Man kann die Ansätze bei Zimmertemperatur genießen. Will man die in den Ansätzen enthaltenen Aromen besonders deutlich erkennen oder genießen, ist eine Temperatur von 25° kein Unding.

7. Glas- und Flaschenkultur, Tipps für Verschluss und Verschließen, Etikettieren und Ansatzstammbuch

Wenn alle Arbeiten für einen Ansatzschnaps abgeschlossen sind, die gewünschte Trinkstärke erreicht wurde, sollte man noch einiges zum Abfüllen in Flaschen bedenken.

Da heutzutage eine Unmenge an verschiedenen brauchbaren Limonadenflaschen und anderen Erzeugnissen ähnlicher Art am Markt ist, die noch dazu sehr auffällig etikettiert wurden, sollte man, wenn man diese verwendet (besondere Beachtung verdienen funktionsfähige Verschlüsse), die Etiketten ablösen und die neuen Etiketten anbringen. Dies auch vor allem deswegen, damit die Ansatzschnäpse nicht verwechselt werden können, etwa von Kindern.

Außerdem ist zu beachten, dass die vorher in diesen Flaschen befindlichen Substanzen oft sehr nachhaltige Geschmacksreserven haben, die die Abfüllschnäpse in ihrem Geschmack beeinflussen könnten.

Da der Ansatzschnaps ein sehr edles Produkt ist, sollten wir ihm auch eine edle Verpackung zugestehen. Wir sollten auch die Inhaltsmenge der Flasche auf die zukünftige Verwertungshäufigkeit abstimmen.

Ein kleiner Haushalt wird naturgemäß kleinere Flaschen verwenden, während ein Großhaushalt ohne weiteres auch größere Gefäße verwenden kann.

Ist daran gedacht, den Ansatzschnaps zu verschenken, sollte ebenfalls darauf Rücksicht genommen werden, welche Menge man weitergeben will.

Auf jeden Fall ist die Flasche so zu reinigen (sowohl innerlich als auch äußerlich), dass sowohl für den Eigenverbrauch als auch für Geschenkzwecke nicht der Eindruck entsteht, es ist irgendein Überbleibsel in irgendeiner Flasche „versorgt" worden.

> **ACHTUNG!**
>
> *Das Fläschchen oder die Flasche sollte nicht so hoch abgefüllt werden, dass es bei einer allfälligen Dehnung (infolge Wärme) zum Bruch kommt. Es ist also auf einen so genannten Dehnungspolster in der Flasche zu achten (die Chemie sagt, dass Flüssigkeiten nicht komprimierbar sind und daher bei steigender Temperatur für den Fall, dass kein Ausdehnungsbereich vorhanden ist, die Flasche infolge des Druckanstieges zu Bruch kommt). Es kann auch vorkommen, dass sehr kalt gelagerte Ansatzschnäpse, die bis oben in einer dicht verschlossenen Flasche weitergegeben wurden und im warmen Wohnzimmer lagerten, regelrecht explodiert sind.*

Bitte beachten Sie auch Folgendes: Für das Verschließen von Ansatzschnäpsen sollten keine gebrauchten Korken verwendet werden. Denn diese sind in den meisten Fällen beschädigt, auf jeden Fall jedoch unsteril.

Sollte der neue Korken trotz sorgfältigster Bemühung sich nicht ganz im Flaschenhals unterbringen lassen, ist der über dem Flaschenhals befindliche Teil mit einem scharfen Messer abzuschneiden.

Plastikkorken sind sehr praktisch, doch wird empfohlen, diese nicht für Geschenk-
flaschen zu verwenden, da sie einfach zu nüchtern wirken.

Für besondere Ästheten empfiehlt sich das Überstülpen einer Zierhülse.

Es gibt auch „Zierhütchen" im Handel, die ebenfalls über den Flaschenhals ge-
stülpt werden können und mittels eines auf volle Hitze gestellten Haarföhnes ein-
geschrumpft werden sollten.

Die Visitenkarte eines Ansatzschnapses ist das Etikett. Ob man gekaufte Schab-
lonen nimmt oder selbst gemachte Varianten, liegt im künstlerischen Selbstver-
ständnis des Anwenders.

Handgeschrieben ist auf jeden Fall persönlich, doch gibt es heutzutage schon
jede Menge Vordrucke, die durchaus ein sehr passables Aussehen garantieren.

Sollte man die Flaschen wieder verwenden, ist darauf zu achten, dass der Kleb-
stoff so beschaffen ist, dass man die Etiketten im warmen Wasser wieder ab-
waschen kann. Es ist auch möglich, die Etiketten mit durchsichtigen Kunststoff-
bändern zu fixieren.

Für den eigenen Gebrauch genügen natürlich auch schmucklose Klebeetiketten.

PRAXISTIPP:

*Ansatzschnäpse, die man im Keller Monate oder Jahre lagert, sollten
den Vermerk tragen, wann sie angesetzt und abgefüllt wurden, welchen Ansatzschnaps, welche Früchte, Kräuter etc. man verwendet hat.*

Man glaubt nach Jahren (oder sogar nach Jahrzehnten) gar nicht, welchen Spaß
es macht, wenn man „Altertümer" vorfindet und verkostet (vielleicht werden es erst
die Enkel zu schätzen wissen). Man kann auch ein Ansatzstammbuch anlegen,
in das man alles einträgt, auch wann man wo was gesammelt oder gekauft hat.

Glaskultur

Die Glaskultur begleitet seit rund 6 000 Jahren die Ess- und Trinkkultur des Menschen. Der edle Ansatzschnaps verlangt auch edle Gläser. Diese Auswahl ist mit dem Anlass, aber auch mit der „Gemütslage" des Anwenders verbunden.

Nicht extra betont werden sollte, dass das Glas absolut sauber und fleckenfrei sein muss. Dafür gibt es eine Menge geeigneter Mittel, jedoch ist es immer notwendig, nach dem Waschen das Glas mit heißem Wasser zu spülen bzw. mit einem Tuch zu polieren.

Schnapsgläser haben in der Regel einen Inhalt von 2 bis 2,5 cl.

Plagt einen ein heftiges Magendrücken, wird man nicht ein stilvolles Kristallglas verwenden, sondern man nimmt ein einfaches Stamperl – das ist ein schmuckloses Nutzgefäß, das die Mindestmenge für die Konsumation beinhaltet.

Wollen Sie aber einen festlichen Tisch vorbereiten, werden Sie ein fantasievolles Glas für einen Aperitif oder nachher für einen Digestif vorsehen.

Nicht nur der Blickfang, den jedes Glas und jede Karaffe auf sich zieht, sondern auch die Funktionalität, die gewisse Aromen und Gerüche besser präsentiert, hat eine spezielle Aufgabe.

Es gibt einige Grundregeln, wie z. B. dass ein Stilglas mit dünner Glasstruktur eher elegant wirkt und ein breiteres Glas mit dickwandigem Volumen eher rustikale Anmutungen auslöst. Für Kenner ist es wichtig, dass das Glas noch genügend Platz hat, um die Flüssigkeit schwenken zu können, damit sich der Duft entsprechend entfalten kann.

Es gibt heutzutage viele Glashersteller, die sich um besondere Exklusivität ihrer Produkte bemühen. Man kann auch darüber diskutieren, ob der eine oder andere Brand in dem einen oder anderen Glas besser zur Wirkung kommt.

Insgesamt trägt diese Diskussion jedenfalls dazu bei, dass der Trinkgenuss durch optischen Genuss aufgewertet wird.

Man weiß es zwar, aber man vergisst es immer wieder, dass bestes Glasmaterial auch beim Zuprosten Klangvarianten hervorruft, die zur edlen Glaskultur gehören. Nicht unwichtig ist es, dass das Glas auch die ideale Trinktemperatur länger erhält als andere Gefäße.

Hat das Glas eine Tulpenform, lassen sich Duft und Geschmack besonders hervorheben.

Bedenken Sie auch, dass manche „Angesetzte", wenn sie aus der Kälte kommen, noch sehr verschlossen sind. Sie sollten zumindest Raumtemperatur erreichen, um ihr Aroma voll entfalten zu können. Andererseits gibt es Ansatzschnäpse, die eher kalt getrunken besonders genussvoll sind. Auch hier ist der Experimentierfreudigkeit hinsichtlich der Temperatur breiter Raum gesetzt.

Wer es versteht, kann die vielfarbigen Ansatzprodukte in getönten Gläsern unterstreichen und zum Funkeln bringen.

PRAXISTIPP:

Wenn Sie etikettierte Flaschen oder Gläser im Keller aufbewahren, kann es leicht sein, dass durch die Luftfeuchtigkeit die Etiketten abfallen. Um dies zu vermeiden, empfiehlt es sich, diese in hauchdünnes Cellophan (das in Supermärkten und in verschiedenen Fachgeschäften erhältlich ist) einzuschlagen bzw. damit zu umhüllen.

Für alle „Künstler" unter den Ansatzschnapszubereitern gibt es ein reiches Betätigungsfeld, die Flaschen oder Gläser selbst zu bemalen.

Lassen Sie sich dazu von Ihrem Farbenhändler Grundbegriffe der Glasmalerei erklären.

Auch die Verpackung der Ansatzschnapsflaschen kann zu einer eigenen Dekorations„orgie" ausarten.

Für Geschenkzwecke kann man vorgefertigte Kartons und Verpackungsmaterialien in einschlägigen Bastlergeschäften kaufen und diese noch „verschönern".

PRAXISTIPP:

Im Laufe der Zeit fallen im Haushalt verschiedenartigste Flaschen und Gläser an. Man sollte sie sorgfältig reinigen und aufbewahren. Für das Abfüllen auch zu Geschenkzwecken eignen sie sich bestens.

Eine sehr gediegene Verschlussdekoration ist auch das Versiegeln der Flaschen. Zu diesem Zweck wird der Flaschenkorken einige Millimeter unter das Ende des Flaschenhalses hineingedrückt und in diese Vertiefung der erwärmte Siegellack eingegossen. Wer selbst nicht adelig ist und daher nicht über einen Siegelring verfügt, kann mittels eines selbst verfertigten Fantasiesiegels eine entsprechende Schmuckform einprägen.

Es ist auch möglich, eine solide, raue Hanfschnur um den Flaschenhals zu schlingen und die beiden Enden der Schnur durch einen großen Siegellacktropfen, den man auch wieder prägen kann, zu verbinden.

Hat man keinen Siegellack zur Verfügung, kann man um den Flaschenhals auch ein an einem Faden befestigtes „Zertifikat" anbringen, um so den originalen Charakter des Produktes zu unterstreichen.

8. Ansatzschnäpse und Gesundheit

Die Menge des konsumierten Alkohols ist sehr individuell. Wissenschaftlich erwiesen ist jedoch, dass sieben Gramm Alkohol eine Stunde benötigen, um abgebaut zu werden, wobei dieser Abbau zu 10 % über den Atem, zu 10 % über den Urin und über die Leber erfolgt.

Ein kräftiges Essen während der Alkoholzufuhr lässt diesen zwar nicht verschwinden, verlangsamt jedoch seine Wirkung. Besonders sollte man die Alkoholaufnahme dann beachten, wenn man in medikamentöser Behandlung ist.

Da Ansatzschnäpse die Verdauung fördern, desinfizieren, anregend und aufmunternd wirken, ist ein gesundes Mindestmaß – das allerdings nicht zur Regel werden sollte, sondern nur zu besonderen Anlässen – eine sehr empfehlenswerte Abwechslung vor und nach dem Essen.

Allen alkoholischen Getränken ist sowohl die Nahrungswirkung, ihre Funktion als Genussmittel, aber auch ihre Wirkung als Gift eigen. Der enthaltene Alkohol liefert viel Energie, die der Körper voll verwertet.

Geringe Alkoholmengen regen Herz und Kreislauf an, können einen niedrigen Blutdruck normalisieren und den Fettstoffwechsel günstig beeinflussen, womit einem Herzinfarkt vorgebeugt wird. Vorwiegend genießt man die Ansatzschnäpse jedoch bei festlichen Anlässen, nach einem Arbeitstag, am Feierabend. Sie tragen zur Entspannung bei, erleichtern zwischenmenschliche Kontakte und bauen Hemmungen ab.

Volksweisheit: *„So sei Dein eigner Polizist, der, was verträglich, ehrlich misst!"*

Bei einem Blutalkoholspiegel von etwa 0,5 ‰, das sind 0,5 g Alkohol je Liter Blut, wird die Konzentrationsfähigkeit beeinträchtigt. Das Zusammenspiel der Muskeln ist bei komplizierten Steuerarbeiten gestört und die Reaktionsschnelligkeit wird herabgesetzt. Dies führt bei der Arbeit, beim Sport und bei der Teilnahme im Straßenverkehr zu Fehlleistungen, Misserfolgen und Unfällen. Es ist medizinisch erwiesen, dass der Alkohol auf das zentrale Nervensystem lähmend wirkt und die unerwünschten Wirkungen sich vermehren, je mehr man trinkt. Die Behauptungen, dass es Mittel gäbe, um die Wirkungen des Alkohols auszuschalten, stimmen nicht.

Der Alkohol geht auch langsamer ins Blut über, wenn man ihn nicht hastig und nicht auf leeren Magen genießt, ansonsten wirkt er ungeheuer rasch. Stressfaktoren verhelfen dem Alkohol ebenfalls zu einer stärkeren Wirkung.

Das Maß aller Dinge ist beim Genuss von Alkohol der kultivierte Genuss und die richtige Dosis, um seine negativen Seiten zu vermeiden. Mengenkonsum schadet der Heilwirkung des Ansatzschnapses. In der Mäßigung liegt der wahre Genuss.

Es gilt auch heute noch das Wort von Paracelsus: „Allein die Dosis macht das Gift." Viele Ansatzschnäpse können auch in Form von vorher festgelegten Kuranwendungen verwendet werden.

9. Servier- und Dekorationstipps

Sie brauchen ja nicht unbedingt ein Künstler zu sein, um den Genuss des Angesetzten durch eine Verschönerung des optischen Aussehens noch zu steigern. Ähnlich wie bei Cocktails können Sie fantasievolle Dekorationselemente anbringen, etwa einen so genannten „Crustarand", indem Sie den Glasrand mit einer kleinen Menge Flüssigkeit befeuchten und danach direkt in Zucker tauchen.

PRAXISTIPP:

Wenn Sie das Glas nach dem Eintauchen in Zucker anschließend einige Minuten in den Kühlschrank stellen, hält der Crustarand länger.

Bei einem Haselnussansatz können Sie den Rand auch aus gemahlenen Haselnüssen herstellen oder andere gemahlene Produkte verwenden, z. B. Kokosnuss oder Mandeln etc., aber auch Kaffee- und Schokoladenränder sind sehr dekorativ.

Es ist natürlich auch möglich, die Gläser mit Fruchtstückchen zu dekorieren oder mit Kräuterzweigen. In dieser Hinsicht ist Ihrer Fantasie keine Grenze gesetzt.

Um Fruchtstückchen originell zu schneiden, gibt es geeignete Geräte. Sehr oft werden auch Blätter der Zitronenmelisse und der Minze verwendet oder auch kandierte Kirschen, an denen noch der Kirschenstiel anhaftet. Wer besonders extravagante Serviermethoden liebt, kann Fruchtsäfte in kleinen Eiswürfelbehältern einfrieren und diese Würfelchen mit oder ohne Stiel in das Getränk geben. Bei der Beigabe von Eiswürfeln scheiden sich die Geister. Die einen halten dies für sinnvoll, die anderen sind dagegen. Es ist dies eine Frage der persönlichen Philosophie. Für einzelne Getränke lässt sich die Beigabe von Oliven sicherlich auch verantworten. Ebenso lassen sich verschiedene Tees einfrieren und den Getränken zufügen.

Ob Sie die Ansatzschnäpse mit fantasievollen Dekorationselementen wie es bei Cocktails üblich ist verzieren, bleibt Ihnen überlassen.

Es macht einen guten Eindruck, die einzelnen Ansatzschnäpse mit jenen Kräutern und Blüten zu dekorieren, mit denen sie auch angesetzt wurden, wie z. B. Rosenschnaps mit Rosenblättern, Pfefferminzschnaps mit Pefferminzblättern etc.

Zur Tischdekoration kann man Äste und Gräser verwenden, aber auch glänzend polierte Äpfel.

Das Anrichtetablett kann man mit Blättern und Blüten dekorieren.

10. Mut zu genießerischem Experimentieren

Die häusliche Ansatzbereitung hat den Vorteil gegenüber den Industrieprodukten, dass man nach eigenem Geschmack ein harmonisches, genussvolles Getränk für besondere Anlässe komponieren kann und dabei selbst das richtige Verhältnis zwischen Alkohol und Aroma zusammenstellt.

Es zeigt sich heutzutage die Tendenz, den Alkohol etwas zurückzunehmen, um die Fruchtigkeit besonders zu unterstreichen.

Dennoch ist ein Mindestanteil von 22 bis 25 % für die dauernde Haltbarkeit des Angesetzten notwendig.

Ein zusätzlicher Anreiz für das Experimentieren ist auch die Möglichkeit, selbst Kräuter und Früchte anzubauen und diese sinnvoll zu kombinieren, sodass damit Geschmacksvarianten erreicht werden können, die beim uniformen Industrieprodukt nicht möglich sind.

Komponieren Sie Ihren „eigenen Hausschnaps". Dabei ist Ihrer Fantasie keine Grenze gesetzt. Das Einzige, das Sie beachten müssen, ist, dass die Beigaben keine gesundheitsschädlichen Stoffe enthalten dürfen bzw. durch das Ansetzen keine gesundheitsschädlichen Prozesse entstehen.

10.1. Die Frucht in der Flasche

Immer wieder ruft sie Verblüffung hervor, wenn man als besonders attraktives Geschenk oder als innovativer Gastgeber ein Schnapsgefäß anbietet, in dem eine große Birne schwimmt, die unmöglich durch die Flaschenöffnung eingesetzt werden konnte.

Es empfiehlt sich für die Herstellung, eine weithalsige Flasche zu nehmen (deren Hals jedoch wesentlich dünner ist als die Frucht später innen), die keine Schweiß- oder Klebenaht aufweist, da man ansonsten das Geheimnis der Birne in der Flasche bezweifeln könnte.

Man nimmt also eine (zwar etwas teurere) Flasche, deren Glas als Ganzes geblasen wurde.

Nun wird das Geheimnis verraten: Benötigt wird vorerst ein Birnbaum, entweder im eigenen Garten oder im Garten eines Freundes, den man überreden muss, einem solchen Hobby zu frönen. Gut geeignet ist ein Birnbaum mit Williamsbirnen. Diesen Baum nehmen Sie nun in Ihre Obhut und warten, bis er blüht. Doch das ist der Aufmerksamkeit noch nicht genug. Sie müssen warten, bis sich der erste Fruchtansatz zeigt. Von diesen Früchten müssen Sie die Besten auswählen, für jene Gefäße, die Sie hoffentlich vorher schon zahlreich angekauft oder vorbereitet haben.

Wichtig ist auch, dass diese Minifrüchte dort wachsen, wo Sie nachher die Flaschen gut anbringen können: Sie nehmen die Flasche und führen den Hals über die zarte Frucht, sodass sich diese im Inneren des Glasballons befindet.

Dann befestigen Sie die Flasche mittels einer bereits vorbereiteten, dickeren Hanfschnur oder noch besser mittels eines Drahtes am bestgelegenen tragfähigen Ast, sodass auch ein starker Wind oder ein arges Gewitter der Flasche nichts anhaben kann.

Je tiefer die Frucht in die Flasche hineinragt, umso besser ist es. Schlecht wäre, wenn die Frucht sich im Flaschenhals befindet und sich dort festwächst.

Nochmals zur Befestigung: Diese sollte nicht zu starr sein, sondern sehr flexibel, damit sie sich den Luftbewegungen des Astes anpassen kann.

PRAXISTIPP:

Der Flaschenhals darf keinesfalls nach oben gerichtet sein, weil sonst das Regenwasser in die Flasche läuft und die Frucht verderben kann. Abgesehen davon, dass durch das Gewicht des eindringenden Wassers die Flasche vom Baum gerissen werden könnte.

Sie sollten weiterhin Ihre detektivischen Fähigkeiten beweisen und den Reifevorgang der Birne in der Flasche beobachten.

Ein günstiger Erntetermin ist, wenn die Birne zwar reif, aber noch nicht überreif, also grün ist.

Danach wird die Flasche samt Inhalt vorsichtig vom Ast gelöst.

Im Inneren der Flasche werden sich Staub, Blüten und Pollen angesammelt haben. Diese sollten mit unendlicher Geduld und mit dem Erfindungsreichtum des passionierten Ansatzerzeugers entfernt werden.

Auch äußerlich wird die Flasche einiges abbekommen haben. Diesen Schmutz kann man wesentlich leichter mit lauwarmem Wasser entfernen.

Hat man also das Produkt in diesem Zustand elegant gesäubert, wird der Inhalt mit Kornbrand aufgefüllt (man kann auch Williamsbirnenschnaps verwenden, wenn man stärkere Aromen wünscht). Danach kommt der Korken in die Öffnung und wird mit der Feinspitze versiegelt, damit er luftdicht abgeschlossen ist.

Man sollte es nicht glauben, aber die beste Qualität erreicht man, wenn die Flasche neun Monate im Halbdunkel dahindämmert (bei eher kühlen Temperaturen). **Gutes Gelingen!**

10.2. Der „Ansatz" in der Küche

Zu Unrecht werden Schnäpse insgesamt, besonders aber Ansatzschnäpse in der Küche vergessen. Man sollte in Erinnerung rufen, dass z. B. zu einem Schweizer Käsefondue ein ungesüßter Kirschansatz beigemengt werden sollte, das zu Saucen für Wildgerichte ein guter Wacholderbrand oder Wacholderansatz passt, abgesehen von den vielen, vielen Mehlspeisen, die mit Ansatzschnäpsen ihren letzten Pfiff bekommen. Auch als Zutaten für Kompott oder Gelees sind Ansatzschnäpse in vernünftigen Mengen verwendet, sehr geeignet. Für jene, die gerne flambierte Speisen konsumieren, ist die Verwendung von Ansatzschnäpsen ebenfalls ratsam.

Nicht zu vergessen: In kalten Tagen schmecken die verschiedenen Haustees mit Ansatzschnäpsen noch viel besser.

11. Ansatzschnäpse, die nicht oder nur in kleinen Mengen getrunken werden (Tinkturen und Extrakte)

Von einer Tinktur spricht man aus medizinischer Sicht, wenn aus Kräutern, Früchten und anderen Produkten mehr oder weniger dünnflüssige Auszüge produziert werden. Entdeckt hat diese Tinkturen und Extrakte Paracelsus.

Je nach Rezept werden Tinkturen äußerlich oder innerlich angewendet. Bei innerlicher Anwendung regen sie den Blutkreislauf durch den Alkohol kurzfristig an und steigern damit die Aufnahmefähigkeit der Wirkstoffe.

Tinkturen für die Hausapotheke

Arnikatinktur

Arnika gilt in der Volksmedizin als ein Wundermittel.

25 g Arnikawurzeln klein zerschnitten und 100 g frische, sorgfältig verlesene Arnikablüten (man nimmt nur die Röhrchen des Blütenkopfes und nicht die Körb-

chen selbst). Allfällige schwarze Pünktchen sind zu entfernen. Diese Mischung wird in ein Schraubglas gegeben und mit 500 ml Alkohol übergossen. Gut verschließen und ca. zwei Wochen ziehen lassen. Ab und zu schütteln. Danach abseihen, den Rückstand gut auspressen und zur Nachreifung in einem verschraubbaren Glas einige Tage stehen lassen, danach filtrieren und in eine dunkle Flasche füllen.

ACHTUNG!

Die Arnikatinktur muss vor der äußeren Anwendung immer verdünnt werden, da sie sonst zu Hautreizungen führen könnte (die Verdünnung sollte drei- bis zehnfach mit destilliertem Wasser erfolgen).

EMPFEHLUNG:

Bei Hieb-, Stich- und Schnittverletzungen, zur Lokalbehandlung von Entzündungen, Verstauchungen und Gelenksschmerzen sowie bei frischen Wunden, Blutergüssen etc., Stärkung von arteriellen und venösen Gefäßkrankheiten bzw. bei Insektenstichen.
Bei Durchfall sollten einige Tropfen auf Würfelzucker eingenommen werden. Bei Entzündungen der Mundhöhle und des Zahnfleisches, bei Mandelentzündung, Heiserkeit und rauer Stimme kann mit Arnika in verdünnter Form auch gegurgelt werden. Ebenfalls kann diese Tinktur durch Einpinseln Mund- und Zahnfleischerkrankungen heilen.

Pfarrer Kneipp hielt die Arnikatinktur für die beste Medizin bei Verwundungen und empfahl sie bei äußerlicher Anwendung als entzündungshemmend, antiseptisch und schmerzstillend, geweberegenerierend. Er setzte sie zur Reinigung von Wunden, Abszessen und Furunkeln ein.

Ringelblumentinktur

100 g Blütenblätter werden in eine dunkle Flasche gegeben und mit einem halben Liter Obstschnaps aufgegossen. Die Flasche ca. drei Wochen in die Sonne stellen, danach filtrieren und im Keller aufbewahren.

EMPFEHLUNG:

Bei Halsschmerzen, Mandelentzündungen, Entzündungen im Mundbereich diese Alkoholtinktur ins Gurgelwasser geben und mehrmals am Tag spülen.

Sehr wirksam bei Zahnfleischentzündungen.
Bewährtes Mittel bei Wunden, die schlecht heilen, aber auch bei Entzündungen, Schwellungen, Lymphknotenproblemen.

PRAXISTIPP:

Bei Blutergüssen, Verstauchungen und Prellungen kann Ringelblumentinktur in Form von Umschlägen sehr hilfreich sein. Die Tinktur lindert auch starken Muskelkater, indem man sie unverdünnt einreibt.

Beinwelltinktur

200 g getrocknete und geschnittene Wurzeln in eine weithalsige, dunkle 1-Liter-Flasche geben, mit 750 ml Obstschnaps aufgießen und verschlossen in die Sonne stellen. Während der dreiwöchigen Reifezeit wird die Flasche ab und zu geschüttelt und anschließend zusammen mit den Wurzeln dunkel und kühl gelagert.

Regenerierungsmittel bei Geweben, Heilungserfolge bei Blutergüssen und stumpfen Verletzungen, Ausheilung von älteren Wunden.

Hirtentäscheltinktur

Die Zubereitung erfolgt wie bei der Ringelblumentinktur. Sie ist bei Muskel- und Bänderzerrungen ebenfalls durch Einmassieren verwendbar.

Schafgarbentinktur

Zubereitet wie die Ringelblumentinktur, ergibt sie ein wirksames Einreibemittel bei Kreuz- und Gelenksschmerzen.

Adlerfarn(Wurmfarn)tinktur

Herstellung wie die Ringelblumentinktur, jedoch müssen die Farnblätter vom Stängel abgeschnitten werden. Die Ansatzflasche sollte täglich geschüttelt werden. Es kann zum Ansatz auch ein 96%iger Weingeist verwendet werden, der jedoch nach dem Filtern mit Wasser auf die Hälfte verdünnt werden sollte.
Die Farntinktur ist bei Ischias, Rheuma, Hexenschuss, Fuß- und Wadenkrämpfen ein gutes Mittel.

Hopfentinktur

200 ml Weingeist über vier gehäufte Teelöffel Hopfenzäpfchen gießen und in einem Glas ca. zehn Tage warm stellen. Danach kann diese Tinktur teelöffelweise vor dem Schlafengehen gegen Schlafstörungen eingenommen werden.

Rosmarintinktur

50 g Rosmarinöl werden mit 250 ml Spiritus gut vermischt.
Die Flüssigkeit wird äußerlich bei Rheuma, Nerven- und Kopfschmerzen sowie bei Verspannungszuständen angewendet.

Tinktur gegen Krampfadern

20 Kastanien werden zerkleinert und in einem Liter Obstbrand in einer Flasche angesetzt und ein Jahr stehen gelassen, jedoch öfters schütteln. Nach diesem Jahr ist das Hausmittel fertig und kann zum Einreiben für die Beine verwendet werden, am besten morgens oder abends.

Wermutmagentinktur

20 g Wermutkraut, 10 g Kalmuswurzel, 10 g Enzianwurzel fein zerkleinern oder zerstampfen und in einem halben Liter Weingeist sieben Tage lang ansetzen. Anschließend abseihen und filtrieren.
Zu verwenden bei Magenbeschwerden, indem man mehrmals täglich einige Tropfen in Wasser einnimmt.

Ansatzschnäpse, die nicht oder nur in kleinen Mengen getrunken werden

Magenbitter

Je 50 g Angelikawurzeln, Enzianwurzeln, Wermutkraut, Kalmuswurzel in ein Glas geben, zusammen mit einer Zimtstange und 500 ml Obstbrand.

Nach drei Wochen der Reife, wobei dazwischen gelegentlich geschüttelt wird, die Menge abseihen und in Tropffläschchen füllen.
Vor dem Essen 20 bis 30 Tropfen einnehmen.

Ebereschengeist

Die 100 g geflügelten Eschensamen mit 500 ml Weingeist aufgießen und etwa vier Wochen gut verschlossen ans Fenster stellen.
Ab und zu etwas durchschütteln, danach abseihen und in Flaschen füllen.

Spitzwegerichtinktur

50 frisch gepflückte Spitzwegerichblätter setzt man in einem Liter Weingeist an und lässt die gut verschlossene Flasche sechs Wochen in der Sonne stehen.

Nun wird filtriert und in kleinere Flaschen abgefüllt. Man nimmt die Tinktur tropfenweise gegen Husten, kann sie jedoch auch äußerlich als wirksames Mittel bei Insektenstichen sowie für Umschläge und Einreibungen verwenden.

ACHTUNG!

Für Kinder ist diese Tinktur nicht geeignet.

Schwarzkümmeltinktur

In einer weithalsigen Flasche 150 g zerstoßenen Schwarzkümmelsamen mit einem halben Liter Obstbrand aufgießen und 14 Tage ans Fenster stellen.

Anschließend durchseihen, ein wenig mit destilliertem Wasser verdünnen und bei Bedarf einen Esslöffel einnehmen. Sie hilft bei Verdauungsbeschwerden.

Chinatinktur

Im Reformhaus kauft man „Chinakräuter", die jedoch nicht gemahlen, sondern in Stücke gebrochen oder gehackt sind. Diese gibt man in ein Schraubglas und gießt Wodka darauf. Die Menge soll immer so beschaffen sein, dass auf einen Teil Kräuter fünf Teile Flüssigkeit entfallen.

Nach vier bis sechs Monaten wird die Flüssigkeit durch ein Stofffilter abgefiltert. Diese Tinktur füllt man nun in saubere Flaschen.

Man nimmt ca. 50 ml zur sofortigen Wirkung, möglichst auf nüchternen Magen oder am Abend vor dem Schlafengehen oder 25 ml zur Vorbeugung. Schafft Körperwärme und Kraft.

PRAXISTIPP:

Wer auf Alkohol empfindlich reagiert, bringt die Tinktur in kochendes Wasser ein und lässt die Mischung ein paar Minuten ziehen. Auf diese Weise verdunstet viel Alkohol, während die Kräuterextrakte erhalten bleiben.

Ansatzschnäpse, die nicht oder nur in kleinen Mengen getrunken werden

zepte

Aronia

Die nachfolgend genannten Mengenangaben und Angaben über diverse Beigaben erheben weder Anspruch auf Vollzähligkeit noch darauf, dass man bei der Gewichtsbeigabe auch variieren kann.

Der Reifezustand und der Konzentrationszustand der Beigaben fordert den Hersteller von Ansatzschnäpsen ständig zu neuen Überlegungen und Anwendungen heraus.

12.1. Rezepte mit Kräutern und Blüten

Kräuterschnaps (elegant)

5 g Rosmarin, 5 g Salbei, 10 g Fenchelkörner, die Schale einer Zitrone und einer Orange werden zwei Tage lang in einem Liter Weingeist angesetzt, danach abgeseiht und in Flaschen abgefüllt. Ein „Magenschmeichler".

Kräuterschnaps (fulminant)

Geeignet für einen Kräuterschnaps sind verschiedentliche Kräuter, wie z. B. Luststock (nur in geringen Mengen nehmen), Salbei, Koriander, Ingwer, Kümmel, Anis, Tausendguldenkraut, Zitronenmelisse, Kalmus, Baldrian, Enzian, Wermut etc., wobei der Fantasie keine Grenze gesetzt ist.

Etwa 100 g dieses selbst gebrauten Gemisches werden mit einem Liter Kornschnaps angesetzt, der nach einigen Wochen abgeseiht werden kann und in dunkle Flaschen gefüllt wird. Dieser Schnaps wirkt besonders gut bei Verdauungs- und Magenproblemen.

Löwenzahnschnaps

100 Löwenzahnblüten, deren Blütenblätter man auszupft, werden mit einer geschälten, unbehandelten Zitrone in einem Liter Kornbrand angesetzt. Man stellt das Gefäß eine Woche in die Sonne, seiht nachher ab, filtriert die Flüssigkeit, füllt sie in Flaschen und lässt den Ansatz noch einige Wochen ruhen, bevor er trinkreif ist. Der Löwenzahnschnaps verbessert den Stoffwechsel und man sollte ein Gläschen pro Tag konsumieren.

Rosenblütenschnaps

Etwa 200 g aufgeblühte Rosenblüten, aber auch deren Blütenkelche werden in einem Liter Kornschnaps angesetzt und zwei Wochen stehen gelassen. Nach diesem Zeitraum wird abgeseiht und in dunkle Flaschen gefüllt. Ein Elixier für Genießer.

ACHTUNG!

Nicht alle lieben das parfümartige Aroma.

Wodkabärlauch

Ein größeres Büschel frischer Bärlauch wird grob geschnitten, mit 750 ml Wodka verdünnt und mit 300 ml destilliertem Wasser angesetzt.

Das verschlossene Gefäß sollte auf einer sonnigen Fensterbank einen Monat angesetzt bleiben, jedoch zwischendurch ab und zu geschüttelt werden.

Nach dieser Zeit filtern und in einer dunklen Flasche aufbewahren.

EMPFEHLUNG:

Mehr als drei Stamperl pro Tag sind zu viel.

12.2. Rezepte mit Früchten und Säften

Apfelkorn

Drei bis vier eher säuerliche Äpfel werden gewaschen und geviertelt, die Stiele, der Blütenansatz und das Kerngehäuse entfernt. In einem weithalsigen Glas werden die Äpfel mit einem Liter Kornschnaps angesetzt.

Nach vier Wochen wird die Flüssigkeit entweder mittels eines Gummischlauches abgezogen oder gefiltert.

Da der Geschmack entsprechend der verwendeten Apfelsorte sehr stark variiert, kann man entweder weitere Äpfel zugeben und noch einmal einen Monat stehen lassen oder aber mit Kornschnaps verlängern.

PRAXISTIPP:

Wenn Sie rasch arbeiten, werden die Äpfel nicht braun. Das Gefäß gut verschließen und an einen warmen Ort stellen. Nach sechs Wochen werden die Stücke abgeseiht und danach filtriert. Zum Abschmecken kann man 100 ml Apfelbrandwein oder Calvados beimengen. Die Ruhezeit beträgt rund drei Monate.

Apfelschnaps exklusiv

500 g duftende Äpfel (mit der Schale) werden geviertelt und vom Kerngehäuse befreit. Man setzt sie in einem Viertel Liter Obstbrand, gemischt mit einem Viertel Liter Wasser an. Die Menge sollte rund zwei Wochen kühl gelagert reifen und danach der Apfelrückstand abgeseiht werden. Die Flüssigkeit wird mit etwas Wasser versetzt und dann noch einmal filtriert. Nach dem Filtrieren wird ein Liter

Obstbrand beigefügt und je nach Geschmack eine Vanilleschote oder der Saft einer Zitrone beigegeben.

Da das Endprodukt sehr viel Pektin enthält, muss man mit einer natürlichen Trübung rechnen, die dem weiteren Erscheinungsbild des Getränkes seine Exklusivität gibt.

Brombeerschnaps

500 g ausgereifte Brombeeren, 5 Gewürznelken, einige Pimentkörner und etwas Zitronenschale werden mit einem Liter Kornbrand angesetzt.

Das Ansatzgefäß wird gut verschlossen und an einen warmen Ort gestellt. Man sollte es mehrfach pro Woche leicht schütteln und nach der Reifezeit abfiltrieren.

Vor dem Füllen in Flaschen gibt man 200 ml Whisky zur Geschmacksverfeinerung dazu. Die Reifezeit beträgt rund zwei Monate.

Erdbeerschnaps

Man vermengt 500 g reife Erdbeeren, eine unbehandelte Zitrone, die man in Scheiben schneidet, zehn Walderdbeerblätter, einige Stängel Waldmeister und ein Päckchen Vanillezucker mit einem Liter Weinbrand.

Dieser Ansatz wird ca. vier Wochen an einen warmen Platz gestellt, danach abgeseiht und filtriert.

Er ist sofort genussfertig. Naschkatzen können ihn noch mit einer Zuckerlösung vor dem Abfüllen in Flaschen versüßen.

Feigenschnaps

Fünf frische reife Feigen werden in einem Liter Kornbrand angesetzt und ca. vier Wochen temperiert warm gestellt.

Nach der Reifezeit kann man die Feigen aus dem Schnaps nehmen und als Nachspeise mit anderen Zutaten verwenden. Das Aroma kommt sehr gut zur Geltung, sodass man ohne weiteres noch mit Kornschnaps verdünnen kann.

Hagebuttenschnaps

500 g Hagebutten (die erst nach dem ersten Frost gepflückt werden) sind zu waschen und von den Fruchtstielen zu entfernen. In ein Glas geben, ein Säckchen Vanillezucker sowie 700 ml Weingeist und 300 ml Wasser hinzufügen. Das Gefäß verschließen und an einem warmen Platz in die Sonne stellen.

Nach vier Wochen kann man in Flaschen abfüllen. Die Reifezeit beträgt ein halbes Jahr.

Himbeerschnaps spezial

In einem Zwei-Liter-Glas wird ein Kilogramm Himbeeren mit etwa einem Liter Kornbrand übergossen und sechs Wochen stehen gelassen. Durch die Fruchtflüssigkeit verliert der Ansatz an Alkohol und kann entweder nachgegossen werden oder aber als Niedrigprozentiger belassen werden.

Einige Gewürznelken und eine Zimtrindenstange in Weinbrand oder Cognac ansetzen, stehen lassen und ab und zu schütteln. Nach drei Wochen filtrieren und dem Himbeeransatz beimengen.

Beim Servieren des Schnapses werden einige Früchte mit ins Glas gegeben.

Die verbliebenen Früchte können als Nachtisch gegessen werden.

PRAXISTIPP:

Die Früchte können auch püriert und dazugemischt werden. Jedoch sollte die Flüssigkeit vor dem Abfüllen in Flaschen filtriert werden.

Für den Walderdbeerschnaps und Heidelbeerschnaps kann die gleiche Vorgangsweise gewählt werden.

Mispelschnaps

Nach dem ersten Frost geerntete Mispeln (ca. 500 g) in einen Liter Kornbrand einlegen. Etwa einen Monat angesetzt lassen und danach abseihen. Wenn es gewünscht wird, kann man diesen Ansatzschnaps entsprechend zusätzlich süßen.

Nussschnaps

Sechs bis zehn unreife Nüsse (man erkennt sie daran, dass sie noch die grüne Schale tragen und mit einem Messer leicht zerschnitten werden können) werden in Scheiben geschnitten oder geviertelt, in eine weithalsige Flasche mit Drehverschluss gegeben und mit einem Liter Obstschnaps aufgegossen. Wenn Sie es ein wenig süßer haben wollen, können Sie etwas Zucker beigeben.

Das Gefäß sollte bei Raumtemperatur stehen gelassen werden (für den Fall, dass etwa Zucker beigemengt wurde, sollte ab und zu geschüttelt werden). Nach ca. vier bis fünf Wochen wird die Flüssigkeit abgeseiht und in Flaschen zum Nachreifen gefüllt.

ACHTUNG!

Flecken dieses Schnapses sind nur sehr schwer zu entfernen.

EMPFEHLUNG:

Der Nussschnaps gilt als magenstärkend und stoffwechselanregend.

Orangenschnaps

Man schält sechs ungespritzte Orangen und gibt sie in 750 ml Wodka. Man lässt den Ansatz ca. einen Monat stehen, seiht dann ab und füllt ihn in geeignete Flaschen. In der gleichen Weise kann man auch geschälte Zitronen nehmen. Wer es ein wenig süßer liebt, kann die gewünschte Menge an Honig beisetzen.

Schlehdornschnaps

Der Schlehdorn gehört zur Familie der Zwetschken (Pflaumen) und hat kleine blaue, runde Früchte. Der Erntezeitpunkt für den Ansatzschnaps liegt vor dem Frost (für Marmelade meistens nach dem Frost).

Rund 500 g werden mit einem Liter Kornbrand angesetzt und einige Wochen bei mäßiger Temperatur gelagert.

Man spricht dem Schlehdornschnaps auch Heilwirkungen bei Lungenkrankheiten und bei Husten zu.

Schwarzer Kater

Ein halber Liter schwarzer Johannisbeersaft und ein halber Liter Kirschsaft werden auf fünf Gewürznelken, eine Vanillestange, eine Zimtstange gegeben und dazu ein Liter Rum.

Dieses Gemisch kommt in ein weithalsiges Glas und wird vier Wochen wohl temperiert im Dunklen gelagert. Danach wird abgeseiht und etwa sechs Wochen soll man die Flüssigkeit in kleinen Flaschen reifen lassen.

Vor dem Genuss kann sie noch verdünnt werden oder auch mit etwas Honig oder Zucker gesüßt werden.

Weichselschnaps

Man nimmt etwa 500 g Weichseln (Sauerkirschen oder Schattenmorellen) und setzt sie in einem Liter Kornbrand an.

Die Ansatzzeit sollte ca. drei Monate betragen, damit auch der Bittermandelgeschmack aus den Kernen zur Geltung kommt.

12.3. Rezepte mit
Samen und Gewürzen

Anisschnaps

250 g Anissamen werden mit 750 ml Obstschnaps angesetzt, wobei der Anissamen vorher fein verschrotet oder in einem Mörser zerstoßen wird.

Die Flüssigkeit wird in einer dunklen Flasche in einem eher warmen Raum ca. sechs Wochen belassen und ab und zu geschüttelt. Danach wird sie in eine dunkle Flasche gegeben und soll dort ca. drei Monate reifen.

Wer es süß liebt, kann den Anisschnaps danach mit ein wenig Honigsirup süßen.

Hausschnaps

20 g Wacholderbeeren, 10 g getrocknete, unbehandelte Orangenschalen, 5 g Koriander, 5 g Kardamom, 2 g Zimtstange, 2 g Kümmel, 2 g Sternanis, 1 g Nelken werden mit einem Liter Obstschnaps angesetzt.

Dies alles wird in den nächsten drei Tagen mehrfach geschüttelt, in hellen Flaschen abgefüllt und aufbewahrt.

Kümmelbranntwein

100 g Kümmel, der vorher in einem Mörser zerstoßen wird, wird mit 500 ml Kornbrand angesetzt, in einem temperierten Raum 14 Tage lang stehen gelassen und jeden Tag durchgeschüttelt.

Der Schnaps ist nach dem Filtrieren sofort trinkfertig, er wirkt mäßig angewendet beruhigend, krampflösend und magenstärkend.

12.4. Rezepte mit Wurzeln, Nadeln und Rinden

Birkenschnaps

100 cm^2 Birkenrinde von der weißen Haut befreien, den Rest in kleine Stücke schneiden und mit einem Liter Schnaps ansetzen.

Den Ansatz ca. zwei Monate in die Sonne stellen, anschließend filtrieren und für die Genussreife noch sechs Monate kühl und dunkel lagern.

Jägerfreund

Von der Tanne, der Fichte, der Föhre und der Lärche werden je zehn Triebspitzen mit zehn zerstoßenen Wacholderbeeren und einer Schafgarbenblüte in einem Liter Schnaps angesetzt und 14 Tage in die Sonne gestellt.

Nun lässt man diesen Ansatz einen Monat im Keller ruhen, anschließend wird er filtriert, in Flaschen abgefüllt und weitere vier Monate zur Ausreifung gelagert.

Magenbitter

10 g Safran, 15 g fein geschnittene Enzianwurzel und die Schale einer Orange werden mit einem Liter französischen Cognac eine Woche lang angesetzt, danach gefiltert und in Flaschen abgefüllt.

12.5. Gesundheitsschnäpse (Lebenswässer und Elixiere)

Bärenklauschnaps

50 g Bärenklaublätter, 25 g Bohnenkraut, 25 g Brennnessel, 10 g Lavendelkraut und -blüten werden klein geschnitten und mit einem Liter Obstschnaps versetzt. Das verschlossene Gefäß drei Wochen an einen mäßig warmen Ort stellen, nach dieser Zeit abseihen und in kleine Flaschen füllen.

Diese Tinktur kann als Würze für Salate und deftige Gerichte verwendet werden, dient der Gesundheit, kann jedoch auch als anregendes Massagemittel oder auch als Badezusatz verwendet werden.

Bärlauchschnaps

Ein Kilo frische, zerkleinerte Bärlauchblätter werden mit 1,5 Liter Obstschnaps angesetzt und in der Sonne zwei Wochen lang stehen gelassen. Danach abseihen, in dunkle Flaschen füllen und dreimal täglich 10 bis 15 Tropfen in etwas lauwarmem Wasser einnehmen. Diese Anwendung fördert den Stoffwechsel.

PRAXISTIPP:

Man kann diesen Bärlauchschnaps auch zum Würzen von Speisen in kleinen Mengen gut dosiert verwenden.

Blutweiderichtinktur

Man nimmt das zerkleinerte Kraut und gibt 100 g in einen halben Liter Kornbrand. Diese Menge lässt man 14 Tage bei gleichmäßiger Wärme stehen und schüttelt das verschlossene Ansatzgefäß täglich. Nach dem Filtern wird der Rückstand mit einem halben Liter destillierten Wasser aufgegossen, ein wenig stehen gelassen, danach abgeseiht, Rückstand ausgepresst, dem Ansatzschnaps beigegeben und alles gut vermischt.

Man sollte zweimal täglich ein halbes Stamperl trinken, um damit seine Lebensenergie zu stärken und den Magen und Darm zu reinigen.

Kamillenschnaps

100 g Blütenköpfe einen Tag lang trocknen lassen und danach mit einem Liter Schnaps ansetzen, der drei Wochen in die Sonne gestellt wird. Mehrmals durchschütteln. 14 Tage im Keller ruhen lassen, dann abseihen und filtrieren bzw. in Flaschen füllen.

Dieser Schnaps gilt als Allheilmittel bei allen möglichen Entzündungen und sollte stets zur Hand sein.

Knoblauchschnaps

In einem breithalsigen Gefäß werden junge Pflanzen mit den Zwiebeln nach unten, aber mit dem Kraut, das in der Hälfte abgeschnitten wird, in einem Liter Kornbrand angesetzt.

Nach 14 Tagen abseihen bzw. filtern.

Nun in Flaschen abfüllen und kann bei „Problemchen aller Art" vor dem Schlafengehen jeweils in einem Stamperl getrunken werden.

In kleinen Mengen genommen, hilft der Schnaps bei Durchblutungsstörungen und bei hohem Blutdruck.

PRAXISTIPP:

Wer nach dem Stamperl Knoblauchschnaps ein Glas Milch trinkt, das angeblich den Geruch lindert, dem verhilft es auf jeden Fall jedoch in Kombination zu gutem Schlaf.

Lebenselixier

50 g frische Blätter der Zitronenmelisse, 10 g Tausendguldenkraut, 10 g Wermut und 10 g Rosmarin werden mit einem Liter Kornbrand angesetzt und ca. drei Wochen stehen gelassen.

Nach Möglichkeit mehrmals aufschütteln und nach diesem Zeitraum filtern und auspressen. In dunklen Flaschen kühl lagern.

Zwei bis drei Mal am Tag einen Esslöffel davon in eine Tasse mit heißem Wasser einrühren und trinken, es kann auch etwas Zucker oder Honig zur Süßung beigegeben werden.

Magenbitter

100 g ungespritzte Orangenschalen werden mit 10 g Eberraute, 10 g Veilchenwurzel, 10 g Tausendguldenkraut, 10 g Benediktenkraut, 5 g Zimtrinde und 5 g Muskatnuss in zwei Liter Weingeist angesetzt.

Nach drei Wochen Lagerung an einem dunklen, gut temperierten Ort wird abgefiltert, wenn gewünscht, mit Zucker bis zu maximal einem halben Kilogramm verbessert und in dunkle Flaschen gefüllt, die man rund zwei Monate zur Reifung stehen lassen sollte.

Das magenstärkende und verdauungsfördernde Produkt wird in kleinen Mengen eingenommen.

Salbeischnaps

100 g frischen Salbei in einem Liter Kornbrand ansetzen. Sollten keine frischen Blätter zur Hand sein, sind auch getrocknete verwendbar.

Nach drei Wochen ist der Ansatz abzufiltern, der sehr intensiv nach Salbei schmeckt.

Der Ansatz hat hustenlindernde und entzündungshemmende Wirkung und sollte in kleinen Mengen eingenommen werden.

Schwedenbitter

Der Ansatz des Schwedenbitters gehört zu den sagenumwobenen Geheimnissen und es gibt unzählige Rezepte. Eines davon wie folgt: Man nehme 10 g Angelikawurzeln, 5 g Eberwurz, 10 g Myrrhe, 25 g Aloe, 5 g Lärchenschwamm, 2 g Kampfer, 2 g Blutwurz, 15 g Rhabarberwurz, 2 g Bibernell, 15 g Theriak, 2 g Safran, 2 g Muskatnüsse, 2 Sennesblätter, 15 g Kalmuswurzel, 10 g Zitterwurzel, 30 g Muskatbohnen, 10 g Enzian, 5 g Dietamwurzel, 5 g Polus rubra, 50 g Kandiszucker und 20 g reinen Zucker.

Diese Zusammenstellung wird man sich wohl in der Apotheke vorher vorbereiten lassen. Alles zusammen fein zermahlen oder zerstoßen und in zwei Liter Kornbrand ansetzen.

Nach 14 Tage Reifezeit, während häufiger geschüttelt wird, wird der Ansatz abgefüllt und der verbleibende Rest durch einen Kaffeefilter filtriert.

Danach werden beide Teile zusammengemischt und danach erst wird der Zucker dazugegeben. In kleinen dunklen Flaschen abfüllen und noch ein wenig reifen lassen.

Wacholderschnaps

100 g frische Wacholderbeeren werden ein paar Tage getrocknet und danach zerkleinert (man kann sie auch in einem Mörser zerstoßen). Mit einem Liter Obstbrand werden sie in einem weithalsigen Glas an einen kühlen Ort gestellt und die Flüssigkeit danach filtriert.

In kleinen Mengen tut die etwas herbe Flüssigkeit einem übersättigten Magen sehr gut.

12.6. Aperitif und Digestif

Nach dem Essen ist ein zum Verdauen angenehmer so genannter **Digestif**, der meistens aus einem Kräuteransatz besteht, sehr zu empfehlen. Die Kräuterextrakte regen die Verdauung auf wohlige Weise an.

Der **Aperitif** vor dem Essen bereitet den Magen vor und regt die Verdauungs-bereitschaft an.

PRAXISTIPP:

Der Aperitif schmeckt einmal anders, wenn er mit Eiswürfeln ser-viert wird oder insgesamt eisgekühlt angeboten wird.

Brombeer„digi"

500 g Brombeeren entsaften und in einem Liter Branntwein ansetzen und einen Monat lang ziehen lassen.

Danach die Flüssigkeit filtern, in kleinere dunkle Flaschen umfüllen und etwa sechs Monate lang reifen lassen.

Diesen Digestif soll man nach dem Essen in kleinen Mengen konsumieren.

„Geheimrezept Garten"

Man nimmt 5 g Minze, 10 g Kamille und 1 Lakritzenstange und legt alles in 500 ml Grappa ein.

Nach einer Woche wird abgefiltert und in kleine Flaschen gefüllt.

Es ist dies ein besonders spezieller Digestif.

Russischer Johannisbeerblattschnaps

Ca. 30 schöne Blätter der schwarzen Johannisbeere werden in einem Liter Wodka angesetzt und an einem warmen Ort ein Monat stehen gelassen.

Danach wird die hellgrüne Flüssigkeit filtriert und vor dem Genuss noch einige Zeit zur Reife gelagert.

Weinrautenschnaps

Man nimmt einen Liter Wodka und gibt in diesen einige frische Weinrauten. Nach einer Woche erhält die Flüssigkeit eine schöne grüne Farbe und ist bereits genussreif.

Dieser Schnaps eignet sich als Digestif nach einem guten Essen.

Optimal eignet sich auch ein **Tresterbrand**.

12.7. Schnäpse der Mönche
(Klostergeheimnisse)

Himmelschlüsselschnaps

30 Blütenköpfe der Schlüsselblume und die Schale einer unbehandelten Zitrone werden in einem Liter Kornbrand angesetzt und 14 Tage an einem warmen Ort (nicht jedoch an der Sonne) stehen gelassen. Zwischenzeitlich wird mehrfach geschüttelt. Anschließend noch einen Monat kühl und dunkel stehen lassen, danach den Ansatz filtrieren, in Flaschen abfüllen und weitere vier Monate ausreifen lassen. In Klöstern wurde dieser Schnaps gegen Erkältungskrankheiten und Bronchialbeschwerden eingenommen.

Magenbitter

5 g Alantwurzeln, 5 g Anissamen, 10 g Sternanis, 5 g Tausendguldenkraut und 5 g Weinstein sowie 15 g Engelwurz werden mit zwei Liter Obstbrand angesetzt und einige Wochen verschlossen stehen gelassen.

Zur Aufsüßung – wenn gewünscht – kann Zucker in Wasser gelöst beigegeben werden.

Die Flüssigkeit in Flaschen abfüllen und einige Wochen stehen lassen.

Zwiebelschnaps

500 g Zwiebeln fein zerhackt, 50 g Wacholderbeeren im Mörser zerrieben und 10 große Knoblauchzehen (ebenfalls fein zerstoßen) werden in einem Liter Kornschnaps und einem halben Liter Wasser angesetzt.

Nach einer Woche wird die Flüssigkeit gefiltert und in dunklen Flaschen abgefüllt. Der Schnaps hilft auch gegen Kreislaufstörungen, wenn man täglich ein Gläschen davon trinkt.

12.8. Genussschnäpse

Enzianschnaps

100 g Wurzeln des gelben Enzian, die man in jeder Apotheke (auch in Drogerien und Reformhäusern) käuflich erwerben kann (die Pflanze steht unter Naturschutz und kann selbst daher nicht gepflückt werden), mit zwei Liter Schnaps ansetzen und einige Wochen zur Reife in einen warmen Raum stellen.

Der Schnaps ist verdauungsfördernd und appetitanregend.

Genussschnaps

500 g gemischte Beeren (z. B. Himbeeren, Johannisbeeren, Holunderbeeren) werden mit 500 ml Obstschnaps unter Beimengung von ein bis zwei Löffeln Zucker angesetzt.

Die Flüssigkeit wird nach einem Monat in Flaschen gegossen und sollte danach einen weiteren Monat ruhen. Vor der endgültigen Abfüllung ist die Flüssigkeit noch einmal zu filtrieren.

Isländerschnaps

15 g Wacholderbeeren, 15 g Rosinen, 50 ml Kirschensaft, 50 ml Cognac (oder Weinbrand), 250 ml Wasser, einige Tropfen Bittermandelöl und 5 g Kardamom werden in 250 ml Weingeist angesetzt.

Die Lagerung erfolgt an einem warmen Ort ca. drei Wochen, worauf filtriert und in Flaschen abgefüllt wird. Die Genussreife ist nach einigen Tagen erreicht.

Johannesschnaps

Am Geburtstag des heiligen Johannes des Täufers am 24. Juni erntet man zehn grüne Nüsse, zerkleinert sie und gibt sie samt der Schale mit einem Liter Kornbrand in ein weithalsiges Gefäß.

Man zerbröselt eine Stange Zimt, nimmt fünf Gewürznelken, die Schale einer halben Zitrone und drei Scheiben Orangen mit der Schale und vermengt den Ansatz damit. Das verschlossene Gefäß ca. zwei Monate an einen sonnigen Ort stellen, den filtrierten Ansatz weitere drei Monate dunkel und kühl lagern und reifen lassen.

Dieser aromatische Nussschnaps ist nicht nur gut zu trinken, sondern auch stoffwechselanregend und magenstärkend und sollte vor den Mahlzeiten eingenommen werden.

Liebesschnaps

250 ml Kirschsaft, 250 ml Himbeersaft und 500 g Früchte (Kirsche oder Himbeere), die Schale einer Zitrone und einer Orange, eine kleine Zimtstange, fünf Gewürznelken und eine Vanillestange werden mit 750 ml Kornbrand angesetzt und im großen Ansatzglas an einem hellen Ort zur Reife gebracht.

Man sollte ab und zu umrühren (es ist auch möglich, ein Tröpfchen zwischendurch zu kosten), die Flüssigkeit danach in besonders schöne Flaschen füllen und stets griffbereit aufbewahren, damit sie zur Hand sind, wenn liebe Gäste kommen.

Magenbitter mit Rum

100 g Enzianwurzel, 50 g Orangenschale, 5 g Zimtstange, 30 g rotes Sandelholz, 5 g Gewürznelken und 5 g Kardamom werden in einem Liter Rum angesetzt.

Dieser Ansatz wird eine Woche lang stehen gelassen und jeden Tag einmal geschüttelt, danach wird die Flüssigkeit abgegossen bzw. gefiltert und ca. einen Monat zur Nachreife stehen gelassen. Für Rumfans ein bekömmliches Getränk in kleinen Mengen.

Orangenblütenschnaps

100 g Orangenblüten werden mit etwas Wasser 15 Minuten lang geköchelt, dann wird ein Liter französischer Cognac dazugegeben.

Nach Wunsch kann gesüßt werden, bevor das Getränk in Flaschen abgefüllt wird.

Schnapskirschen

500 g reife Kirschen werden entsteint, mit zehn geschälten Mandeln in 500 ml Kornbrand angesetzt und einen Monat bei moderater Temperatur gelagert, ab und zu durchgeschüttelt. Nach diesem Zeitraum wird abgeseiht, in Flaschen gefüllt und ebenfalls noch einen Monat zur Reife stehen gelassen.
Für Naschkatzen kann man vor dem Servieren ein wenig an Süßmasse wie Zucker oder Honig beigeben.

Tannengeist

Zwei bis drei frische Tannentriebe werden in einer Flasche Gin angesetzt und zwei Monate darin belassen. Ab und zu ist die Flüssigkeit zu schütteln. Danach in getönte Flaschen füllen.

Zwetschkenwodka

Die Schale von einer unbehandelten Zitrone und von drei Orangen sowie 250 g kerngeputzte und getrocknete Zwetschken, ein Büschel frische Pfefferminzblätter und eine Zimtstange klein schneiden oder zerhacken und dann mit einem Liter Wodka ansetzen.
Nach zwei Monaten, in denen man den Ansatz an einem sonnigen Platz stehen lässt (jeden zweiten, dritten Tag muss ein wenig durchgeschüttelt werden), filtert man die Flüssigkeit und füllt diese in Flaschen.
Nach zwei Wochen wird noch einmal gefiltert und endgültig verschlossen.
Die Reifezeit beträgt bis zu einem Jahr (jedoch kann schon früher gekostet werden).

12.9. Hausmittel

12.9.1. Gegen Appetitlosigkeit

Basilikumschnaps

50 g frische Basilikumblätter und die Schale einer Zitrone werden mit einem Liter Branntwein angesetzt und drei Wochen an einem warmen, aber nicht sonnigen Ort stehen gelassen.

Anschließend weitere drei Wochen die Flüssigkeit an einem kühlen Ort weiterreifen lassen.

Nun das Ganze filtrieren und in dunkle Flaschen abfüllen. Bei Verdauungsstörungen und Appetitlosigkeit mehrmals am Tag eine kleine Menge einnehmen.

Grappa mit Weinraute

Je 50 g getrocknete Zwetschken, Marillen (Aprikosen), Äpfel und Birnen werden mit 100 g Weinraute in einem Liter Grappa angesetzt, zwei Wochen stehen gelassen und zum Schluss abgeseiht.

Kalmusschnaps

150 g fein gemahlene Kalmuswurzel in einem Liter Weinbrand ansetzen und in einer verschlossenen Flasche sechs Wochen lang an einem sonnigen Ort lagern. Man sollte öfters schütteln und danach in Flaschen füllen.

Neben seiner magenstärkenden und verdauungsregelnden Wirkung kommt ihm auch Bedeutung bei Erkrankungen der Nieren oder Blase zu.

PRAXISTIPP:

Äußerliche Anwendung durch Einreiben wirkt dem „Wundliegen" vor.

Ringelblumentinktur

50 g Ringelblumen mit 250 ml Obstbrand aufgießen und 14 Tage in die Sonne stellen.

Nach dem Abfiltern in dunklen Flaschen lagern und tropfenweise gegen Probleme mit schwacher Verdauung, aber auch bei Gallenproblemen verwenden.

12.9.2. Gegen Verdauungsschwäche und Magenbeschwerden

Anisschnaps

20 g Anissamen werden fein zerstoßen und mit 500 ml Apfelschnaps angesetzt. Der Ansatz sollte der Sonne ca. 14 Tage ausgesetzt werden, wird dann noch abgeseiht und in helle Flaschen gefüllt.

Brombeerschnaps

100 g Brombeeren in einem Liter Schnaps ansetzen, danach drei Wochen in der Sonne und weitere drei Wochen im Keller stehen lassen.

Das Getränk abfiltrieren und die Früchte wieder in eine weithalsige Flasche dazugeben. Beim Servieren des Schnapses jeweils auch einige Beeren anrichten.

Brombeerschnaps hilft bei Verdauungsstörungen und Durchfall.

Engelwurztinktur

50 g der getrockneten Wurzel werden in 250 ml Kornbrand zwei Wochen lang angesetzt und in die Wärme gestellt.

Nach dem Abfiltern in einer dunklen Flasche lagern.

Als Magen- und Stärkungsmittel hilft diese Tinktur bei tropfenweiser Einnahme.

Enzianschnaps

Gleiche Mengen an fein zerkleinerten Enzianwurzeln und Weingeist (die Wurzeln müssen mit der Flüssigkeit bedeckt sein) werden einige Wochen angesetzt.

Dann wird abgefiltert und in Flaschen gefüllt.

Ein jahrhundertelang verwendetes Hausmittel gegen alle Störungen des Verdauungsapparates.

Johanniskrauttinktur

10 g getrocknetes Johanniskraut mit 100 ml Wodka ansetzen und ca. 14 Tage stehen lassen.

Abfiltern und in kleinen Flaschen kühl lagern.

Die Tinktur ist verdauungsfördernd und sollte nach den Mahlzeiten eingenommen werden (ein bis zwei Teelöffel).

Kamillentinktur

25 g getrocknete Kamillenblüten mit etwa 100 ml Weingeist übergießen und 14 Tage bis drei Wochen stehen lassen.

Danach filtern und in dunklen Flaschen kühl lagern.

Bei Magenproblemen nach den Mahlzeiten jeweils ein bis zwei Teelöffel einnehmen.

Kräuterschnaps

Man mischt ca. 5 g Pfefferminze, Melisse, Lavendel, Ysop, Thymian, Estragon, Salbei, Ringelblumenblüten und Fenchel in einen Liter Kornbrand und stellt diesen Schnaps sechs Wochen lang an einen sonnigen Platz.

Nachdem man ihn pro Woche mehrmals durchgeschüttelt hat, kann man ihn abseihen und sofort bei Magen- und Darmbeschwerden verwenden.

Löwenzahnmagenbitter

100 g Blütenknospen werden von den grünen Kelchblättern befreit und in einem Liter Obstschnaps sechs Wochen an einem warmen Ort stehen gelassen.

Die Flüssigkeit wird danach abgefiltert und in kleinere Flaschen gefüllt.

Rosmarinschnaps

Fünf frische Rosmarinzweige werden in 750 ml Obstschnaps und 300 ml Weingeist angesetzt.

Die verschlossene Flasche sollte an einer warmen und der Sonne ausgesetzten Fensterseite vier bis sechs Wochen angesetzt bleiben. Anschließend abfiltern und in eine dunkle Flasche füllen.

Die Reifung benötigt zwei Monate.

Dieser Schnaps hilft bei vielen Beschwerden des Verdauungstraktes.

12.9.3. Gegen Depressionen und Nervosität

Baldrianobstler

200 g Wurzeln werden klein geschnitten und mit einem Liter Obstbrand übergossen.

Die Flasche wird etwa vier Wochen an einem warmen Ort gut verkorkt aufgestellt.

Nun wird die Flüssigkeit durchgeseiht und in einer dunklen Flasche aufbewahrt.

Die Tinktur ist tropfenweise (etwa 10 bis 15 Tropfen) einzunehmen.

Beruhigungslikör

Man nimmt 50 g getrocknete Baldrianwurzel, 25 g Pfefferminzblätter, 25 g Zitronenmelisse und 25 g getrocknete Kamillenblüten.

Diese Menge wird mit einem Liter Kornschnaps angesetzt und sechs Wochen stehen gelassen.

Anschließend wird das Getränk abgefiltert und in einer dunklen Flasche oder in einem Keramikgefäß gut verschlossen aufbewahrt. „Stamperlweise" getrunken, entfaltet er seine Wirkung.

Johannisbeerblattschnaps

100 g frische Blätter werden mit einem Liter Wodka in einem weithalsigen Gefäß angesetzt und an einem warmen Ort vier bis sechs Wochen gelagert.
Dann wird die Flüssigkeit abgeseiht und in Flaschen abgefüllt.
Die Reifezeit beträgt einige Wochen.

12.9.4. Gegen Durchfall und Sodbrennen

Arnikaschnaps

Die frisch gepflückten Blüten werden mit einer gleichen Menge an Obstschnaps oder Franzbranntwein eingelegt und drei Wochen in die Sonne gestellt. Danach wird abgefiltert.
Die Einnahme auf Würfelzucker vertreibt den Durchfall.
Der Schnaps kann jedoch auch äußerlich bei Hautabschürfungen, Blutergüssen und Entzündungen (auch im Bereich der Mundhöhle und der Zähne) angewendet werden.

Bärlauchgeist

Man nimmt zwei Büschel frischer Bärlauchblätter, zerkleinert sie ein wenig und gibt sie in ein Glas mit einem Liter Weingeist und einem halben Liter Wasser.
Die Reifezeit beträgt drei bis vier Wochen, wonach gefiltert und in Flaschen abgefüllt wird.
Dieser Bärlauchgeist hilft gegen Durchfälle, Koliken, aber auch gegen Herzstörungen und Schlaflosigkeit.

Brennnesselschnaps

200 g getrocknete Brennnesselblätter werden mit einem Liter Kornbranntwein angesetzt und ca. sechs Wochen warm gestellt. Ab und zu durchschütteln nicht vergessen. Anschließend mittels eines Küchentuches abseihen und einige Wochen vor Gebrauch kalt stellen.

Der Schnaps wird bei Magen- und Darmgeschwüren angewendet, auch bei Magen- oder Sodbrennen. Er kann auch äußerlich zum Reinigen eitriger Abszesse und Furunkeln sowie gegen Kopfschuppenbildung eingesetzt werden.

Brombeerschnaps

Ein Kilogramm reife Brombeeren zerquetschen, in eine Flasche füllen und mit einem Liter Weingeist ansetzen. Die Menge kühl und dunkel stellen. Nach drei Wochen wird gefiltert, in dunkle Flaschen abgefüllt und einige Zeit zur Reife gelagert.

Dirndlschnaps

250 g Dirndl (Kornelkirschen) werden mit 750 ml Kornbrand drei Wochen lang in der Sonne angesetzt. Danach zusammen mit den Früchten in Flaschen abfüllen und einige Monate ruhen lassen. Kleinere Mengen mehrmals am Tage eingenommen, helfen gegen verdorbenen Magen und Durchfall.

Heidelbeerschnaps

200 g getrocknete Heidelbeeren werden mit einem Liter Schnaps zwei Monate angesetzt, dann gefiltert, in dunkle Flaschen gefüllt und ein Monat stehen gelassen. Das Getränk hilft auch gegen Gastritis.

Schwarzbeergeist

200 g Schwarzbeeren werden in einem Liter Obstbranntwein angesetzt, drei Wochen an einen sonnigen Platz gestellt, danach abgeseiht und in Flaschen gefüllt. Einige Wochen soll man den Schwarzbeergeist ruhen lassen.

Wacholdertinktur

125 g getrocknete Beeren mit 500 ml Obstschnaps in einem Glas 14 Tage lang in die Sonne stellen. Jeden Tag einmal durchschütteln, dann abfiltern und tropfenweise während des Tages einnehmen.

Die Tinktur hilft auch gegen Gallenbeschwerden und bei Durchfall.

12.9.5. Gegen Haarausfall

Lavendeltinktur

50 g Lavendelblüten werden mit 250 ml Obstbrand 14 Tage auf einem warmen Platz angesetzt. Danach abfiltern und kühl lagern.

Die Tinktur wirkt gegen Haarausfall, kann jedoch auch zur Linderung von Rheumaschmerzen verwendet werden.

12.9.6. Gegen Heiserkeit, Halskrankheiten und Asthma

Bibernelltropfen

100 g zerkleinerte Wurzeln mit einem halben Liter Kornschnaps werden 14 Tage an einen warmen Platz gestellt und danach gefiltert.

Auf etwas Zucker sollte man gegen Heiserkeit und als Vorbeugung bei Erkältungskrankheiten mehrmals täglich 20 Tropfen nehmen.

Eberwurztinktur

50 g der Wurzel werden mit 250 ml Weingeist übergossen und zehn Tage im Dunkeln stehen gelassen.

Bei Bronchialleiden (angeblich auch zur Stärkung der Libido) helfen zweimal täglich 20 bis 30 Tropfen.

Hollerschnaps

150 g reife Hollerbeeren (Holunderbeeren) mit einem Liter Kornbrand ansetzen und vier Wochen in die Sonne stellen. Zwischenzeitlich mehrfach schütteln. Anschließend den Ansatz einen Monat im Keller ruhen lassen, danach filtrieren und in Flaschen abfüllen. Einige Monate Ausreifezeit ist notwendig. Der Hollerschnaps ist besonders wirksam bei Husten, Heiserkeit, Grippe und diversen Erkältungskrankheiten.

Königskerzenschnaps

50 g getrocknete Königskerzenblüten werden mit einem Liter Obstbrand angesetzt. Der Ansatz wird vier Wochen im Dunklen stehen gelassen und dann abgefiltert und in Flaschen gefüllt. Nach Wunsch kann man etwas Zucker beimengen. Ein Stamperl am Abend einnehmen. Der Schnaps hilft auch gegen Magenschmerzen.

Meisterwurzschnaps

20 g zerstoßene Meisterwurz wird mit einigen Gramm Bibernellwurz angesetzt, zwei Wochen stehen gelassen und danach in dunkle Flaschen abgefüllt.
Der Schnaps wird bei Halskrankheiten und Asthma tropfenweise eingenommen oder aber auch bei Vergiftungen durch Pilze oder nach vermehrtem Alkoholgenuss (jede halbe Stunde einige Tropfen).

Spitzwegerichschnaps

100 g Spitzwegerichblätter werden mit einem Liter Kornbranntwein angesetzt und sechs Wochen lang warm gestellt. Während dieser Zeit ab und zu durchschütteln, anschließend abseihen und nochmals einige Zeit kalt stellen.
Angewendet wird dieser Schnaps bei Erkältungskrankheiten, Husten, Heiserkeit.

PRAXISTIPP:

Er kann auch zusammen mit Tee eingenommen werden.

12.9.7. Gegen Melancholie und Müdigkeit

Muntermacher

10 g Wacholderbeeren, 5 g Anissamen und 15 g Kümmel zerstoßen, mit 25 g Kamillenblüten, der getrockneten Schale von zwei Zitronen und einer Orange in einem Liter Grappa zwei Wochen lang einlegen.

Nach dieser Zeit wird abgefiltert und in kleine Flaschen gefüllt.

Man soll nach dem Essen ein Gläschen davon einnehmen.

12.9.8. Gegen Mundgeruch

Korianderschnaps

100 g reife Koriandersamen (sobald der unangenehme Geruch verflogen ist) mit 500 ml Kornschnaps ansetzen, zwei Wochen an einem dunklen Ort stehen lassen, danach abfiltern und tropfenweise (teelöffelweise) verwenden.

Der Korianderschnaps bietet so eine hervorragende Alternative zum Mundspray.

12.9.9. Gegen Schlafstörungen

Hafertinktur

Man nimmt 200 g grünes, zerkleinertes Haferstroh und übergießt es mit 250 ml Wodka.

Diesen Ansatz lässt man ca. 14 Tage stehen, seiht dann ab und füllt ihn in dunkle Flaschen.

Tropfenweise während des Tages oder vor dem Einschlafen genommen, trägt er zur Nervenstärkung, zur Verbesserung von Erschöpfungszuständen und zur Vermeidung von Schlaflosigkeit bei.

Hopfenschnaps

100 g Hopfenblüten vom wilden Hopfen in einem Liter Schnaps ansetzen und drei Wochen in der Sonne stehen lassen.

In dieser Zeit mehrfach schütteln.

Anschließend abfiltern und weitere vier Wochen stehen lassen.

Dieser Schnaps hilft gegen Schlaflosigkeit, Erregungszustände und Appetitlosigkeit.

Kiefernschnaps

250 g frische Kiefernspitzen legt man in eine weithalsige Flasche und gießt Alkohol darüber, sodass die Spitzen gänzlich bedeckt sind.

Die Flüssigkeit wird, wenn man sie zwei bis drei Tage im Glas belässt, hellgelb und kann dann zur Nachreifung in Flaschen abgefüllt werden.

PRAXISTIPP:

Dieser Kiefernschnaps kann bei Verdauungsbeschwerden verwendet werden, aber auch bei grippalen Infekten. Vor dem Zubettgehen empfiehlt man ihn in heißem Wasser aufgelöst als Einschlafmittel.

12.9.10. Gegen Zahnfleischbluten

Meisterwurztinktur

Einige getrocknete Wurzeln werden mit Obstbrand in einem weithalsigen Glas einige Wochen lang im Dunkeln angesetzt.

Danach die Flüssigkeit abseihen und in dunklen Flaschen kühl lagern.

Bei Zahnfleischbluten betupft man die Wundstellen mehrmals täglich.

Diese Tinktur ist nicht zum Trinken bestimmt.

12.9.11. Gegen Migräne

Schlüsselblumentinktur

20 g der getrockneten Wurzeln werden mit Weingeist 14 Tage angesetzt.

Nach dem Abfiltern in dunklen Flaschen kühl lagern.

Die Tinktur kann auf Zucker tropfenweise eingenommen werden und ist bei Migräne behilflich, aber auch bei Rheumatismus und Gicht.

12.9.12. Gegen Akne

Stiefmütterchentinktur

Ein Büschel der Pflanzen (nicht nur die Blüten) in ein weithalsiges Gefäß füllen (vorher ein wenig pressen) und mit Obstbrand übergießen, dass alle Pflanzenteile bedeckt sind.

Nach ca. 14 Tagen filtern und tropfenweise einnehmen.

Diese Tinktur hilft nicht nur bei Akne, sondern auch bei anderen Hautkrankheiten.

12.9.13. Gegen Arterienverkalkung

Bärlauch

Ein Büschel Bärlauchblätter, die man an ihrem starken Knoblauchgeruch deutlich erkennt, werden in Streifen geschnitten, in eine weithalsige Flasche gegeben, mit einem halben Liter Weingeist übergossen und verschlossen.

Das Gefäß wird in die Sonne gestellt und dort ca. drei Wochen belassen.

Fünf bis zehn Tropfen verdünnt mit einem Glas Wasser beugen der Arterienverkalkung vor.

12.9.14. Gegen Altersbeschwerden und Immunschwäche

Bärlauchtinktur

Zwei Büschel Bärlauchblätter werden fein geschnitten und in einem Glas mit einem Liter Alkohol und einem halben Liter Wasser übergossen. Mäßig warm drei Wochen stehen lassen und anschließend abseihen.

Teelöffelweise eingenommen, wirkt diese Tinktur gegen Altersbeschwerden und allgemeine Schwäche.

Ginsengtinktur

50 g Wurzelpulver werden mit 200 ml Weingeist angesetzt, ca. drei Wochen im Dunklen stehen gelassen, danach gefiltert und in dunkle Flaschen abgefüllt. Diese Tinktur stärkt nicht nur das Immunsystem, sondern trägt auch zur Verbesserung des allgemeinen Lebensgefühls bei. Man sollte einige Teelöffel pro Tag nehmen.

Löwenzahnschnaps

100 g Löwenzahnblüten werden im Frühjahr in einem Liter Obstbrand angesetzt und in einer verschlossenen Flasche einige Wochen lang stehen gelassen.

Nach dieser Zeit wird abgeseiht und in dunkle Fläschchen abgefüllt.

Der Schnaps trägt zum körperlichen Wohlbefinden bei und hilft auch bei der Entschlackung.

12.9.15. Gegen Alterszucker

Nelkenwurztinktur

150 g Wurzeln werden mit einem halben Liter Weingeist angesetzt und bei ca. 20° 14 Tage stehen gelassen. Anschließend wird abgefiltert und in dunkle Flaschen abgefüllt. Man sollte alle drei Stunden 20 Tropfen einnehmen.

12.9.16. Gegen Mund- und Rachenentzündungen

Blutwurztinktur

Zehn Wurzeln werden mit einem halben Liter Kornschnaps in einem weithalsigen Glas angesetzt. Das verschlossene Gefäß wird rund sechs Wochen im Dunkeln stehen gelassen und abschließend abgeseiht. Die Tinktur hilft bei Mund- und Rachenentzündungen durch mehrmalige Einnahme kleinerer Mengen während des Tages.

Huflattichschnaps

Die Blüten von 20 Huflattichgewächsen und zehn Huflattichblätter in einem Liter Schnaps ansetzen und drei Wochen in die Sonne stellen. Anschließend einen Monat kühl und dunkel lagern und filtrieren.
Nach dem Abfüllen in Flaschen weitere drei Monate ausreifen lassen.

Tannennadelnschnaps

250 g junge Tannentriebe werden einige Tage getrocknet, die Nadeln abgelöst und in einem gut schließenden Gefäß mit einem Liter Obstschnaps übergossen. Diese Flüssigkeit wird eine Woche im Kühlen stehen gelassen, danach abfiltriert und in eine neue Flasche abgefüllt. Man sollte die Flüssigkeit ein wenig verdünnen und mehrmals täglich kleine Mengen im Mund zergehen lassen.

12.9.17. Gegen hohen Cholesterinspiegel

Ehrenpreistinktur

20 g Ehrenpreis mit 200 ml Kornschnaps ansetzen, zehn Tage kühl stehen lassen. Nach dem Abfiltern in eine dunkel getönte Flasche geben. Diese Tinktur ist gegen hohen Cholesterinspiegel einzusetzen, wobei täglich mehrmals einige Tropfen genommen werden sollen.

12.9.18. Gegen Gallenbeschwerden

Enziantinktur

20 g der Wurzel werden mit 100 ml Weingeist angesetzt und zehn Tage stehen gelassen. Das Abfüllen erfolgt nach dem Filtrieren in dunklen Flaschen. Die Lagerung soll ebenfalls dunkel und kühl erfolgen.

Bei Beschwerden der Galle soll diese Tinktur tropfenweise verwendet werden.

Löwenzahntinktur

Getrocknete Löwenzahnwurzeln (ca. drei bis fünf Stück) werden in 500 ml Kornschnaps drei Wochen lang angesetzt. Nach dem Abseihen wird die Flüssigkeit in dunklen Fläschchen aufbewahrt.

Während des Tages sollte drei- bis fünfmal ein Esslöffel eingenommen werden.

12.9.19. Menstruationsanregend

Estragontinktur

20 g Estragon werden in Weingeist angesetzt und acht Tage stehen gelassen. Nach dem Abfiltern in dunkle Flaschen füllen.

Diese Tinktur wirkt menstruationsfördernd, aber auch magenanregend, wenn man 20 bis 30 Tropfen nach den Mahlzeiten einnimmt.

Wermuthilfe

Wermutansatz hat man oft zum Einleiten der Menstruation verwendet und soll früher sogar zur Abtreibung verwendet worden sein. Man sollte ihn jedoch mit großer Vorsicht genießen, da er bei übergroßen Mengen zu Unterleibskrämpfen, aber auch zu Kopfweh führen kann. 50 g in einem Liter Korn ansetzen, 14 Tage ruhen lassen und dann in dunklen Flaschen abfüllen. In Kleinmengen einnehmen.

12.9.20. Abführmittel

Faulbaumtinktur

20 g werden in 100 ml Wodka angesetzt und zehn Tage stehen gelassen.

Nach dem Abfiltern nimmt man mindestens einen Teelöffel vor dem Schlafengehen und erwartet die abführende Wirkung am Morgen.

12.9.21. Diabetes

Geisrautentinktur

50 g frische Geisraute oder etwa die Hälfte getrocknetes Kraut in 100 ml Obstbrand ansetzen, danach zwei Wochen kühl und dunkel lagern.

Danach filtern und in dunklen Flaschen aufbewahren.

Einige Teelöffel pro Tag sollen helfen, die Blutzuckerwerte zu senken.

12.9.22. Blutreinigung

Waldmeistertinktur

Ein Büschel des Krautes mit Obstbrand übergießen, dass alle Pflanzen gut bedeckt sind. Ca. 14 Tage dunkel und warm lagern, anschließend die Pflanzen ausquetschen und abseihen.

In dunkle Fläschchen füllen und dunkel lagern.

Einige Male am Tage kleine Mengen eingenommen, hilft die Tinktur bei Blutreinigung und Leberleiden.

12.9.23. Kreislaufstörungen

Herzmittel

Man nimmt ein kleines Büschel frische Zitronenmelisse, zwei Zweige Ysop, eine Handvoll Basilikum, eine Handvoll Pfefferminze und Salbei, 50 g im Mörser zerstoßene Engelwurz, gibt alles in einen Liter Weinbrand und lässt es einige Wochen lange in einem dunklen Glas in einem temperierten Raum stehen.

Nach diesem Zeitraum abseihen und in dunkle Flaschen füllen.

Es gibt Empfehlungen, ein bis drei Stamperl dieses Mittels täglich einzunehmen.

Ingwerschnaps

Man schneidet eine frische Ingwerknolle in kleine Stückchen und gibt sie in zwei Liter Kornschnaps.

In einem leicht temperierten Raum wird sie dunkel drei Wochen angesetzt, danach abgeseiht und in kleine Flaschen gefüllt.

Das gelbliche Getränk ist sehr scharf und kann mit Fruchtsaft ein wenig gemildert werden. Es hilft bei Kreislaufproblemen und Mattigkeit. Man sollte zwei bis drei Gläschen pro Tag zu sich nehmen.

Vermischt man die Flüssigkeit vor dem Einnehmen noch mit Zitronensaft und dem Saft einer ausgepressten Knoblauchzehe, kann dieses Mittel auch zur Vorbeugung gegen Halsweh genommen werden.

Wermuttinktur

Das Wermutkraut (20 g zerschneiden) mit 100 ml Kornschnaps ansetzen.

Den Ansatz 14 Tage stehen lassen, dann abseihen, in dunklen Fläschchen aufbewahren und zur Stärkung des Kreislaufes tropfenweise anwenden.

12.9.24. Erkältung

Spezialkräutermischung

Als Zutaten nimmt man 10 g Frauenmantel, 5 g Taubnessel, 20 g Schafgarbe, 30 g Melisse, 10 g Hirtentäschelkraut, 20 g Weißdorn, 10 g Löwenzahn, 10 g Himbeerblätter, 10 g Goldrute und 30 g Gänsefingerkraut und setzt diese mit einem Liter Kornbrand an.

Diese Kräuter kann man am besten durch Zukauf in der Apotheke ergänzen oder überhaupt dort abmischen lassen.

Den Ansatz ca. eine Woche stehen lassen und danach abfüllen.

Nach Wunsch kann man mit etwas Zucker süßen.

Täglich ein Stamperl eingenommen, hilft die Mischung gegen Erkältung, aber auch gegen Magenschmerzen.

12.9.25. Kräftigungsmittel

Chinesischer Grappa

5 g getrocknete Lindenblüten, 10 g chinesischer Tee, eine kleine Vanillestange, 5 g Muskatnuss und 10 g getrocknete Quittenschale werden in einem Liter Grappa angesetzt und vier Wochen an einem kühlen dunklen Ort abgestellt, danach abgeseiht oder filtriert und in kleine Flaschen gefüllt.

Man sollte einmal pro Tag ein kleines Gläschen zu sich nehmen.

12.9.26. Rheuma und Arthrose

Birkengrappa

Die frischen Blätter der Birke sammelt man im Frühjahr und legt ca. 50 g in 250 ml Grappa ein und lässt alles drei Wochen lang in einer dunklen Flasche gut verschlossen stehen.

Anschließend sorgfältig filtern und ein halbes Gläschen nach dem Frühstück und nach dem Mittagessen einnehmen.

Lavendelblütenschnaps

Man nimmt 100 g Lavendelblüten und übergießt diese mit 500 ml Kornschnaps. In einem Verschlussglas wird dieser Ansatz acht Tage lang an einem dunklen Platz belassen und anschließend gefiltert.

Äußerlich angewendet, hilft er bei rheumatischen Erkrankungen durch Einreiben, innerlich angewendet kann dreimal am Tag je ein Kaffeelöffel entweder in Wasser oder in Tee eingenommen werden. Er wirkt dann entspannend und beruhigend.

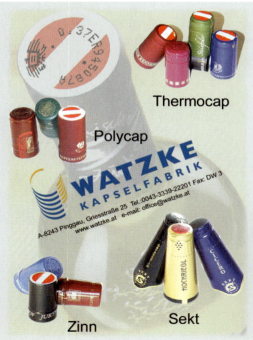

Ein Liebkind von Waltraud Jöbstl,
„Edelbrennerin des Jahres 2000":

Zigarrenbrände

Brände, kräftig im Alkohol, dicht in Frucht und
Fülle – ein ebenbürtiger Partner der Zigarre.
Im kleinen Holzfass erfolgt die Perfektionierung –
die Konsequenz sind aussagekräftige, fruchtige,
charaktervolle und sehr eigenständige Brände
mit harmonisch integriertem Holz.

Zigarrenbrände in 3 Sorten:
• Apfel in Holz
• Birne in Holz mit Dörrbirne
• Marille in Holz mit getrockneten Marillen

Eine Besonderheit für Genießer und funktionell
für den Gastronom, das

Zigarrenbrandset
in eleganter Holzkiste

(mit Lade für Zigarrenschneider, Zünder, Zigarren, ...)

Ein Geschenkstipp:
Zigarrenbrände in Kristallflasche

Fotos: Agentur Andrea Schwarz

Familienbetrieb Jöbstl

Seit dem 17. Jahrhundert führt unsere Familie „am südweststeirischen
Schilcherberg" das 20 ha große Obst- und Weingut. Ursprünglich für
bekömmliches Obst und Schilcher-Spezialitäten berühmt, erreichten
wir bereits mit den ersten Brennversuchen große Erfolge.

Dass Schnapsbrennen nicht Männersache ist, beweist Waltraud Jöbstl.
Jahr für Jahr erringen ihre Destillate nationale und internationale Preise.
Sie war es auch, die begann, ihre Destillate durch die Lagerung in Holz-
fässern zu verfeinern. Das Endprodukt sind saubere, fein ziselierte
Schnäpse, die durch fruchtige Eleganz bestechen.

… im Jahr 2000 wurde Frau Jöbstl zur *„Brennerin des Jahres"* gekürt.
Mit weiteren *Auszeichnungen im „A la Carte", „Gault Millau",
SALON* österreichischer Weine … zählt Waltraud Jöbstl zu den
besten Brennern der Welt. Ihre Innovativität beweist sie mit speziell
komponierten Bränden, die hervorragend mit Zigarren harmonieren.

Familie Jöbstl • **Am Schilcherberg 1, A-8551 Wies** • **Tel.: +43 (0)3466/42379**

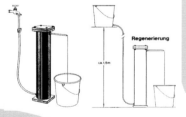